クリエイティブ・クラスルーム

「即興」と「計画」で深い学びを引き出す授業法

キース・ソーヤー 著　月谷真紀 訳

THE CREATIVE CLASSROOM

Innovative Teaching for 21st-Century Learners

Keith Sawyer

英治出版

クリエイティブ・クラスルーム

「即興」と「計画」で深い学びを引き出す授業法

The Creative Classroom

Innovative Teaching for 21st-Century Learners

by

Keith Sawyer

First published by Teachers College Press, Teachers College,

Columbia University, New York, NewYork USA.

Japanese translation rights arranged with Teachers College Press, NewYork

through Tuttle-Mori Agency, Inc., Tokyo

クリエイティブ・クラスルーム◈もくじ

【編集部注】原注は番号またはアルファベットを振って巻末に掲載、訳注は〔 〕に記した。

序文

ほとんどの人が農業と工場労働で生計を立てていた二〇世紀前半は、体力と手先の器用さが競争優位だった。やがてピーター・ドラッカー[1]のいう「知識経済」の時代がやってきた。この新時代には、筋力よりも知力のほうが重要だった。情報にアクセスして分析する能力が経済成長の主な牽引役となったからだ。知識が多いほど、うまく使いこなせるほど、競争優位が高かった。その結果、過去五〇年間のアメリカの教育制度は、学生に大量の情報を習得させ記憶させることに力を注いできた。

しかし今はもはや知識経済の時代ではない。知識の量はもう評価されない。グーグルが何でも知っているからだ。隣の誰かよりも知識があることはもう競争優位ではない。知識があることよりもその知識で何ができるかが評価されるからだ。現代の競争優位性は、人生に新たな可能性をもたらしたり問題を創造的に解決したりする能力――言いかえれば、イノベーションを起こす能力にある。もちろん、知識がなければこのようなことはできない。知識は必要だが、それだけでは足りないのだ。イノベーションの時代にも知識はやはり重要だが、もっと重要なのはスキル、そして最も重要なのがモチベーションと素質だ。

小学校から大学院まで、アメリカの教育制度はこの新しい現実に適応するスタートラインにすら立っていない。どの学校段階、どの課程も、教科知識の習得に最大の力が注がれている。学生が自分の知識を応用し、スキルを磨き、自分が興味を持ったことを追求する機会はめったにない。好奇心と創造性と想像力は私たち人間の生まれもった性質だ。平均的な五歳児は一日に一〇〇の質問をするし、たいていの幼稚園児は自分をアーティストだと思っている。ところが一二歳前後にもなると、ほとんどの子供が自分が抱いた質問をし続けるよりもテストで正解することに関心を奪われ、自分に創造性があると考えなくなる。

このような教育にアメリカの学生が支払う代償はきわめて大きいのに、それが議論に上がることはまずない。良い成績を取り、テストで高得点をあげる――ブランド大学に入ってブランド企業に就職し、幸せな人生を送るためにやらなければならないと思い込んでいることばかりにとらわれた世代を、私たちは育てている。そんな子供たちは、一つミスをしてAを取り損なうのを恐れている。自分を売り込んで一流大学にふさわしい人間になろうとがむしゃらに走り続けるうちに、彼らは自分が本当はどういう人間で、どんなことに疑問を持ち、何に好奇心を抱いているのかを見失ってしまう。

その一方で、手を使う仕事のほうが得意だったり自分は頭が良くないと思ったりして競争に参加しない子供たちは、自分を負け組だと感じている。アメリカの学生の二割が高校を修了しない。さらに三割は高校卒業後、最低賃金の仕事につく。高校を卒業して大学に入る約七割のうち、半数近くは学位を取らずに中退し、その多くは莫大な借金を背負うだけに終わる。彼らの大半は、専門的な職業につくだけのスキルや下地が身についていないため、最低賃金の仕事を見つけるのが精一杯だ。

しかし、四年制の大学をなんとか卒業して労働市場に入る若者たちは、その後どうなるだろうか。知識の習得が最も重視される学校に通ってきた彼らは、イノベーションの時代でどれだけ活躍できるだろうか。現代の仕事、ましてやコンピュータとＡＩがほぼすべてのルーティンワークをこなすはずの未来の仕事に、アメリカの大卒者の大多数が実はまったく対応できないことを示唆するエビデンスがどんどん出てきている。

その例を二つ挙げよう。グーグルの黎明期、誰もがまだ知識経済の時代だと思っていた頃に、グーグルは世界で最も頭のいい人材を雇おうと考え、アイビーリーグ大学の卒業生しか採用せず、テストの得点とＧＰＡ〔成績の平均値〕が最も高い者しか面接しなかった。やがてラズロ・ボックがグーグルの人事部門のトップになった。彼は採用と仕事の業績に関するあらゆるデータを分析し、テストの得点やＧＰＡなど同社が使っていた指標が「無価値」だったと明らかにした。現在、グーグルはテストの得点や大学の成績証明書の提出を求めていない。大卒の学歴にもこだわっておらず、部門によっては新規採用者の一五パーセントが大学の学位を持っていない。今では複数回の構造化面接〔評価者によるばらつきを避けるため、あらかじめ決められた質問項目と評価基準で行う面接〕を行って採用を決定している。

これを知った時、私はグーグルだけが特別なのだろうと思った。ところが数年前、ベトナムのホーチミン市で大手プロフェッショナルファームのデロイト社が主催した、ビジネスリーダー向けの講演会に招かれた時のことだ。出番前に同社のCEOと昼食をともにした。彼女は私が当時ハーバード大学に在籍しているのを知っていた。それを冗談めかして私にこんなふうに言ったのだ。「ご存じの通り、弊社も以前は一流大学で最優秀の学生を採用していましたが、結果があまりかんばしくありませんでした。今では新規採用の候補者をひと夏ブートキャンプに参加させ、協働しながら問題を解決する様子を見て、内定を出すかどうか決めています」

協働して問題を解決する方法をはじめ、イノベーション時代に成功するうえで不可欠なスキルを持たない大卒者にとっては、昨今さかんに喧伝されている「完全雇用経済」など望むべくもない。先日の『ウォールストリート・ジャーナル』の記事[2]によれば、二五〜二九歳の大卒者の四三パーセントが失業しているか不完全就業状態〔労働条件が悪かったり雇用が不安定な仕事についたりしていること〕にあるという。多くが実家暮らしで、学生ローンの返済不能に陥るおそれがある。この一〇年間、政策立案者は、すべての生徒を「大学に進学できる学力をつけて」高校を卒業させるとお題目のように唱えてきた。高い教育を受けるほど人生で有利になる、という前提がそこにはある。しかし本当は、現代の学生に必要なのは必ずしも高い教育ではなく、違うタイプの教育なのだ。

創造性教育はもはや「あったらいいもの」ではない。必須だ。創造性はイノベーション時代において実質的な競争優位となる唯一のスキルと素質なのだ。創造的な問題解決スキルは、民主主義国家において、見識のある、行動する市民としても重要である。好奇心を失わず自分の関心事を追求することを学ぶ学生は、受け身の消費に終始するよりもきっと創造的な活動に余暇を使うだろう。

しかし、創造性とは教えられるものなのだろうか。だとしたらその方法は？　キース・ソーヤーはこうした問いの考察に研究者人生の大半を捧げてきた。本書は、授業に創造性を取り入れたいと願う先生方に理論的な根拠と実践的なガイドを提供している。学生が創造性を発揮するためには知識が必要であること、ただしそれは本書で「創造的な知識」と呼ばれているもの、つまり深い理解に根ざした知識でなければならないことを、ソーヤーは理解している。また、本書の「ガイド付き即興法」の解説は、二一世紀の教授法への大きな貢献だ。ソーヤーの説明によれば、創造には背中を押すことと脱線防止柵が必要であり、何もないところでは実現しない。

先生方への私からのアドバイスは、「とにかくやってみよう！」だ。明快で簡潔なこの本でソーヤーがあらましを紹介しているアプローチに挑戦してみてほしい。私の経験では、教師も学生も、創造的な授業のほうがはるかに意欲的で、やりがいを感じている。また、この新しい手法で教えられる学生のほうが、はるかに将来に備えられるだろう。

トニー・ワグナー

マサチューセッツ州ケンブリッジにて

第一章 イントロダクション

次の二つの質問を、私は大学の授業で必ず学生たちにしています。あなたがそれぞれに答えた後で、学生たちの答えをお教えしましょう。きっとびっくりしますよ！

一問目。高校と大学で受けてきた教育を振り返ってください。

成績でAを取ってから一カ月後に、学んだ内容をすべて忘れていた経験はありますか？

私のクラスでこの質問をすると、学生全員が手を挙げます。ためらいなく、すぐに。学生たちは周りを見回して、他の皆の手が挙がっているのを確認します。やっぱりねという笑みが浮かびます。驚いた様子はありません。学生たちは学校とはそういうところだと思っているのです。そして、学生たちは正しいのです。学生が、最も優秀な者でさえ、学校で学んだ内容を覚えていないことは、さまざまな研究で証明されています。

では二問目。

Aを取ったけれど、実は学んだ内容を何も理解していなかった経験はありますか？

二つ目の質問をすると、学生たちは最初は反応しません。不安そうに教室を見回します。何人かがおずおずと手を挙げ始めます。さらに数人の手がゆっくりと挙がります。自分だけではないとわかると、ほぼ全員が徐々に手を挙げていきます。今度は、学生たちの顔に驚きが見えます。教材を理解していなかったのは自分だけだと多くの学生が考え、それを認めるのを恥じているのです。私はすかさず、全員が手を挙げると予想していたよと言って彼らを安心させます。今の学校では、テストの成績が良い学生でも教材を理解していない場合が多い、と複数の研究者が明らかにしているからです。

誰しも、すばらしい授業と優秀な教師に当たった経験はあります。今でも記憶に残っている貴重な学びはたくさんあるでしょう。しかし教室で挙がった手——たぶんあなたの答えも——が、うまく学べなかった授業が誰にでも少なくとも一つはあると示しています。いや、そんな授業がおそらくたくさんあったはずです。なぜなら多くの学校が、私が**詰め込み教育**（instructionism）〔教育分野では「教授主義」と訳されることが多い〕と呼ぶ、教育効果の低い教授法を用いているからです。詰め込み教育では、教師が学生に自分が学ばせたい内容を「教え込み（インストラクト）」ます。学生はその知識をがんばって暗記し、後日テストを受けて「学習した」ことを証明します。しかし、詰め込み教育で教わると、学生は表層的な事実と手続きしか学びません。[1] このような授業を受けた学生は、学習する際に最も単純なレベルの認知処理しか行いません。[2] その結果、学生たちには私が**浅い知識**（shallow knowledge）と呼ぶものしか身につきません。出来の良い学生はテストで良い成績を取るまでの間だけ浅い知識を記憶していられますが、ほとんどはテストが終わればたちまち忘れてしまいます。

私は、この二つの質問をしたら学生が手を挙げるのを知っています。いつもそうだからです。あなたが質問に二つとも「はい」と答えただろうとほぼ確信しているのも、同じ理由からです。しかし驚かないとはいえ、毎回悲しくなります。学生たちが学んだ内容を覚えておらず理解もしていない、それだけでも残念ですが、何より気になるのは、学生たちが創造性を育む学び方をしていないことです。

浅い知識では創造的になれません。科学、歴史、あるいは数学で浅い知識しか教えなければ、学生たちはこれらの科目で創造性を発揮できるようにはならないでしょう。各科目で浅い知識を教え続けたのでは、一般的な能力として「創造性」を教えても不十分なことが、我々のどの研究結果からもわかっています。創造性を教えるいちばん良い方法は、全科目で**創造的な知識**（creative knowledge）を教えることです。創造的な知識を学べば、学んでいる内容をきちんと理解できます。創造的な知識は応用がききます。新しい状況に適用でき、学校の外でも使えます。初めて見る問題を与えられても、創造的な知識があれば、教材を掘り下げて理解していますから、それを活用して問題にアプローチすることができます。学習科学者は科目ごとの創造的な知識の教え方を知っています。私が本書でめざしているのは、読者の皆さんがこの研究を活用して、ご自身で創造的な授業を設計するお手伝いをすることです。[3]

先ほど紹介した二つの質問をする時、学生たちの答えから痛切に浮かび上がってくるのは、詰め込み教育の授業では優秀な学生でさえ学んでも理解していないという事実です。それが私のクラスや二つの質問に限ったことでないのは、学習科学研究が裏づけています。例えば、次の二問を見てください。いずれもピタゴラスの定理〔三平方の定理〕をすなおに適用すれば解けるものです。[4]

ニューヨーク州リージェンツ〔高校共通〕試験より

ジャマールが高校から自宅に帰るには、東に五・〇マイル進み、それから北に四・〇マイル移動します。シーラが同じ高校から自宅に帰るには、東に八・〇マイル、南に二・〇マイル移動します。ジャマールの家とシーラの家を結ぶ最短距離は何マイルか、小数点第一位まで求めなさい（付属の方眼紙は使っても使わなくてもよい）。

全米学力調査（NAEP）一二年生（日本の高校三年生に相当）の数学のテスト

Xを横軸、Yを縦軸に取った座標上の二点間（2、10）、（-4、2）の距離はいくらか。五つの選択肢6、9、10、14、18の中から選びなさい。

これらのテストを受けた生徒は全員、ピタゴラスの定理を習っています。その教材では多くの生徒がAを取りました。だから受験者のうち、正解者が約三〇%しかいなかったのは衝撃的です。全員が五つの選択肢からランダムに解答を選んでも二〇%が正解になると考えればなおさら、ゆゆしき結果です！　同様の設問はマサチューセッツ州総合評価システム（MCAS）の一〇年生の数学テストでも出題され、結果は同様に振るいませんでした。MCASテストで最も不正解者が多かったのはこの設問でした。この二問は定理を使えば簡単に解けますが、生徒たちが授業で教わったのとは少し違う形で出題されています。生徒たちは公式を暗記していましたが、それは上っ面の記憶でしかありませんでした。授業で与えられた問題はその浅い知識を使って解けたかもしれませんが、リージェンツテストやＮＡＥＰテストやＭＣＡＳテストに出たのは、授業でやったのと同じ単純な設問ではなかったのです。[5]

どの州の学習基準〔日本の学習指導要領に相当する〕にもピタゴラスの定理が数学の重要な学習成果に含まれているにもかかわらず、アメリカのほとんどの生徒はこれらの設問が解けません。問題は、$x^2+y^2=z^2$の公式が授業で習う特定の設問に使うルールとして教えられることにあります。ワークシートに載っている同じ三〇問を繰り返し解くために使うルールなのです。ところがたった二、三の単純な手がかりを取り除いただけで、設問の基本構造は変わっていないのに、生徒たちは解けなくなってしまいます。自分が学習している内容を理解していなかったからです。

ＮＡＥＰの成績からは、生徒たちが概して浅い知識で解ける低次な課題はこなせるけれど、ほぼ全員が高次の理解力で劣ることがわかります。数学だけではありません。名誉、明白な使命説〔北米での領土拡張が神に与えられた米国人の使命とする思想〕、移民といった社会科のトピックや、水の循環のような科学のトピックのテストでも、同様に成績は悪いのです。[6]

＊

一九〇〇年には仕事の約九五%が低技能職で、働き手は他人が設計した単純な手順に従うことを求められました。しかし今日、そのような仕事は一〇%もありません。私たちは創造の時代を生きています。創造性を必要としない活動はいずれ自動化されるでしょう。ワーキングクラスの工場労働はコンピュータとロボットが請け負うようになりました。近年の人工知能（AI）の進歩によって、次は多くのホワイトカラー職が自動化されるはずです。[7]

学生たちに浅い知識しか教えないのは、学生と私たち教師のどちらにとっても時間の無駄使いです。学生たちに必要なのは、浅い知識を詰め込む昔ながらの授業ではなく、創造的な授業です。第三章で、**ガイド付き即興法**（guided improvisation）と私が呼ぶ、研究成果に基づいた教授法を説明します。[8]この教授法が即興的なのは、教師が学生に、テーマを探索して自分なりの理解を生み出す自由を与えるからです。自由で遊び心のある探索が学習に効果的であることは、構成主義〔学習者が対象についての理解を自ら組み立てるような学び方をすべきという考え方〕の研究で裏づけられ、マリア・モンテッソーリからジョン・デューイに至るまで進歩的な教育運動の中核でもあります。このような進歩的な構成主義的アプローチは、学習基準、カリキュラム目標、成績評価を無視しているとして多くの批判を浴びてきました。創造性教育というと野放図な探索と自己表現をさせるのだろうと思われがちですが、授業の活動に制約と構造を設けたほうが創造的な知識の学習効果が高まることを、本書で示していきます。[9]学生一人ひとりの学習の道筋を重要な教科の学習成果につなげ、クラスをカリキュラム目標に到達させるためには、即興的な知識の構築を**ガイドする**必要があります。

この本では、州や国の学習基準で求められている教科の知識が学べるようガイドしつつ、学生が自分のものとして知識を構築するために必要な自由を与えるカリキュラム、授業計画、指導戦略の立て方を紹介します。すべての学校が、すべての科目で、詰め込み教育の浅い知識ではなく創造的な知識を学べる場となるのが、私の願いです。

創造的な授業では、学生が知識を発展させながら、その知識を使って実験します。実験しながら、自分たちが学んでいる内容を、次の単元の情報に応用する方法を学ぶわけです。また、自分たちの知識を新たな課題への取り組みに活用する方法や、与えられた情報のさらに先を考える方法を学びます。新しい問題に取り組んで創造的な解決策を見つけることも学びます。創造的な知識は深くて、つながっていて、応用がきくのです。

ガイド付き即興法は簡単ではありません。特に新米教師にとっては難しいでしょう。その難しさは構造と自由のバランスにあります。**ティーチング・パラドックス**に向き合わざるをえなくなります。つまり、ここ一〇〇年ほどにわたって進歩的な教育者たちが提唱してきた自由、創造的な学習に必要な自由を学生に与え、同時に構造を踏まえた即興的な学習をガイドするのをどう実現させるかです。第四章では、ティーチング・パラドックスにどう対処できるか、実践的なアドバイスをします。

各章で、全校で創造的な授業に取り組んでいる学校のエピソードを紹介します。教え子たちの即興的な学習をガイドしている先生方にも登場してもらいます。紹介する学校の事例は地方あり、都会あり、裕福な郊外地区もあれば都心のスラム地区もあります。ガイド付き即興法は人種や階層、地域に関係なく効果があるのです。むしろ、従来型の学校では成績が悪かった学生ほど効果が高いというエビデンスもあります。紹介した学校はいずれも、驚異的な成果を上げてきました。創造的な知識に対する新しい成績評価においてだけではありません。意外かもしれませんが、詰め込み教育のほうがよく学べるはずと考えられていた浅い知識でも、学生の学習成果は高いのです。

*

ほとんどの人が詰め込み教育の学校で学生生活を送ってきたので、学校とはそういうものだと思われているのは無理もありません。**学習**という言葉の意味をたずねたら、きっと詰め込み教育の様子を描写した答えが返ってくるでしょう。例えば、先生の話を聞いて学ぶ――なんでも知っている先生が教壇に立ち、着席した学生たちに知っておくべき内容を教える、と。先日、子供たちに先生の絵を描いてもらった面白い研究論文を読みました。ほぼすべての子供が、黒板か教卓を背に立つ女性が黒板を指したり、クラスに向かって話したりしているところを描いたそうです。[10]

多くの教職課程の学生は最初に、教えるとはどういうことかについて、詰め込み教育の考え方を習います。[11] 心理学者のステイシー・ディザッターが教職課程の学生と現職の先生に教師の絵を描いてもらったところ、できあがったのは子供たちが描いた絵とそっくり同じでした！[12] 読者の皆さんには本書を読み進めながら、教えることをご自身がどう考えているか振り返ってみてほしいのです。つまるところあなたも、大学の私の教え子たちと同じく、これまでずっと詰め込み教育の授業を受けてきました。私は、創造的な知識のためのガイド付き即興法という、もっと優れた新しい教え方を示したいのです。

第二章では、学習と創造性に関する最新の研究をもとに、創造的な知識とはどのようなものかを説明します。

● 創造的な知識とは**深い知識**——浅い知識の土台にあって文脈を与えている、その科目の基本原理と理論についての概念的な理解である。

- 創造的な知識とは**大きな知識**——科目の幅広い理解であり、さまざまな浅い知識を一つの概念体系、説明のフレームワーク、豊かで精緻なモデルに統合する。
- 創造的な知識とは**つながりを持った知識**——小さな知識が、同じ科目はもちろん、科目横断的に他の多数の小さな知識とリンクし、関連知識のネットワークを形成する。

浅い知識はどれだけ学んでも創造性を支えてはくれません。詰め込み教育の授業では、創造性を発揮する方法はまず学べません。それに対して、創造的な授業では、学生が科目ごとに創造的な知識を学び、学んだ内容の先へと踏み出す下地が作られます。

浅い知識にもそれなりの効用はあります。大昔はほとんどの学生が本や図書館を利用できませんでした。電話やインターネットのような通信技術がなく、必要な情報を知っている誰かを見つけるのは必ずしも容易ではなかったので、自分で知っていなければなりませんでした。情報を記憶することが教育の大部分を占めていました。しかし今日、浅い知識を記憶することにはほとんど価値がありません。現代のインターネットをもってすれば、記憶できるような情報などすべてあっという間に検索できてしまいます。二〇〇二年に新たに創出された情報は五エクサバイト、米国議会図書館が収蔵する印刷資料の五〇万倍以上に相当しました。一九九九年から二〇〇二年の間に生み出された新しい情報は、一九九九年までに人類が生み出したあらゆる情報に匹敵する量でした。現在、情報の量は二年ごとに倍増しています。[13]

現代の教師の使命は、学生たちを二一世紀に活躍できる人間にすることです。ですが教師だけにその仕事を担わせるわけにはいきません。ガイド付き即興法を使って教えるのは難しいので、スクールリーダー〔校長など学校の組織管理者を指す〕や親も含む学習コミュニティが教師を支援しなければなりません。創造性を育むには、文化、リーダーシップ、成績評価、組織構造など、学校をほとんどまるごと変えなければなりません。第五章で、創造性を教えるという教師の重要な職務を支えるために必要な、新しいタイプの学校像を描きます。

ガイド付き即興法を使った教え方

学生が自分の創造性のポテンシャルを知るには、各科目で創造的な知識を獲得する学びをしなければなりません。どの授業も、創造的な学習成果をめざして行わなければなりません。なぜなら創造力は**領域固有的**だからです。ある科目で創造性を発揮するには、その科目の創造的な知識が必要になります。[14] 例えば、美術で創造性を学んでも、数学での創造性は伸びません。[15]

数学で創造性が身についても、生物学での創造性は伸びません。だから、全科目で創造的な授業を行わなければならないのです。

クリティカル・シンキング、コミュニケーションスキル、創造性など、二一世紀に必要とされるスキルが今日さかんに語られています。政治家も、ビジネスリーダーも、親さえも、学校に創造性を教えてほしいと求めています。学習課程に「創造性」という授業を加えたり、美術を増やしたりして対応するスクールリーダーもいます。美術教育にはおおいに賛成ですが、学校の根幹が詰め込み教育のままだったら、美術教育だけでは問題は解決しません。詰め込み教育の学校で創造性を教えようとするのは、脚の骨折を絆創膏で治そうとするようなものです。問題の根を叩かなければなりません。学生と教師が日常的にすべての科目で知識を創造する、創造的な学習組織に学校を作り変えなければならないのです。

入学や卒業に避けて通れない大事なテストに対応している、と主張して浅い知識を擁護する人がよくいます。しかし、創造的な知識を身につける授業を受けた学生は、浅い知識を問う現在のテストで、他の学生を上回りはしなくても、遜色ない成績をおさめています。創造的な授業では、学生が学ぶ量も質も上がるのです。ところが現在のテストでは浅い知識しか測定しないため、詰め込み教育の重大な欠点が必ずしも見えてきません。このような試験で評価されると、学んだ内容をすぐに忘れてしまっても、教材を理解すらしていなくても、学んだことで創造性を発揮できなくても、Aが取れてしまうのです。

安心してください。創造性を教えることと教科の知識を教えることは二者択一ではありません。ガイド付き即興法なら創造的な知識だけでなく、教科の知識も今まで以上にしっかり教えられます。学生は創造的な知識を学ぶとともに、浅い知識を学習する力も伸ばします。[16] 記憶の定着率と理解度が上がり、新しい問題に応用できるようになるのです。創造的な知識の有無がわかる新しい成績評価と、学校が創造的な学習を支えるためにこの成績評価をどのように導入できるかについては、第五章で述べます。

本書では随所に、創造的な授業に成功した小中学校、高校、大学の例をちりばめています。また、学習者が即興的に動きやすいメイカースペース〔3Dプリンターなど創作活動に必要な機材や素材を揃え、ワークショップも提供している場〕や双方向型の科学館など、創造的な校外学習の例も示します。このような環境は、学校では考えられないほど構造化されおらず、自由度が大きいのです。とはいえ、こうしたイノベーティブな環境から教師が学べる点は多いと私は考えています。創造的な学習をもたらすガイド付き即興法の可能性を教えてくれるからです。学生の活動を教科の所定の学習成果に導くための構造を加えたうえで、校外の学習環境の即興的な要素を取り入れればよいのです。

column

講義型授業を追放せよ！

二〇〇二年に新しい大学が誕生した。マサチューセッツ州ニーダムのオーリン工科大学だ。[a] オーリン大には工学教育への革新的なヴィジョンがある。大講堂で講義を行う詰め込み教育を排し、ガイド付き即興法によって創造的な知識を教える、というものだ。その成果はめざましく、全米から工学教育にたずさわる人々が視察に訪れている。オーリン大の創設者には、ほとんどの大学で工学部の学生が創造的な知識を学んでいないという問題意識があった。学生は座って講義を聴き、文脈から切り離された事実を暗記するばかりだと。開校前、採用された教員たちはガイド付き即興法で教えるために、教授法を一から組み立て直さなければならなかった。こうして創造的な工学技術の現場に即した、実技を伴う、学際的なアプローチが開発された。現在、ガイド付き即興法を採用する工科大学はアメリカ各地で増えている。そのような革新的な工科大学の創造性教育を支援するため、パデュー大学は二〇〇四年に初の工学教育学部を創設した。[b]

ティーチング・パラドックスに立ち向かう

教師の前には、法律、地区行政、あるいは州や国のガイドラインによって課されがちな制約が立ちはだかっています。その制約が、教師が授業でできることを制限してしまいます。[17] これだけ多くの構造にしばられた中で、どうすればガイド付き即興法で教えられるでしょうか。今に始まった問題ではありません。教師のプロフェッショナルとしての自律性と制度的な制約のせめぎ合いは以前からありました。[18] 詰め込み教育の授業にも同じせめぎ合いはあるでしょうが、創造的な授業では、構造との付き合い方がずっと難しいのです。構造と即興は常にせめぎ合う関係にあるからです。私はこれをティーチング・パラドックスと呼んでいますが、制約の中でも創造的な学びを育むための授業計画と指導戦略の立て方を第四章で紹介します。

この課題に挑戦し、成功してきた学校はたくさんあります。その一つがカリフォルニア州モントレーにあるヨーク・スクールです。[19] ヨーク・スクールは学習と創造性をめざすガイド付き即興法の頼もしい旗手です。スクールリーダーと教師一同は、自校の取り組みが大半の学校に見られる詰め込み教育とはかなり異なると自覚しています。同校のリーダーは、新しく採用した教師が当初はたいてい詰め込み教育のテクニックを使うのを経験上わかっています。ガイド付き即興法は多くの新任教師にとって、ヨーク・スクールの技術ディレクター、ケヴィン・ブルックハウザーの言う「足元が心許ない地面」のように思えるのです。新任教師が詰め込み教育を手放せないのは、頑固だからでも変わる力がないからでもありません。ブルックハウザーがその先生方を採用したのはなんといっても、教師として優秀だからです。先生方は教え子に学んでほしいと真摯に願っています。詰め込み教育の教え方をするのは、それが教え子によかれと信じているからです。ブルックハウザーは次のように理解しています。「職務をしっかり果たしたいという先生方の思いにうそはありませんが、構造化されたカリキュラムに従っていれば仕事をやった気になりやすい。つまりカリキュラムに入っているワークシートや小テストなどの一式をやっていれば、『自分はやるべきことをやっている。職務を果たしている』と思えてしまうのです」。個人としても教師としても自己変革を遂げた先生方は、簡単ではないと率直に認めています。ヨーク・スクールは採用後の研修でガイド付き即興法のメンタリングを行い、新任教師たちを一貫してサポートしています。

オーリン工科大学のリン・スタイン教授は次のように言います。「自分自身と自分の［教師としての］役割についての考えを改めなければなりません。学生の内発的なモチベーションを引き出して、本人が学びの主役になるよう背中を押そうとする時、『壇上の賢人』意識は障害になります。［中略］とはいえ、『寄り添う案内人』に意識を変えるのは難しいものです。昔のやり方に慣れた多くの教師にとって、主導権を手放すのは大きな課題です[20]」。同じくオーリン工科大の教授で材料科学を教えるジョン・ストークは次のように語ってくれました。「従来型の授業では教える側が主導権を握っています。教師が学生に何が重要で、なぜ学ぶべきかを教え、学生を評価する。〔中略〕教員は長年、学生の学びをいかに手助けするかよりも自分の知識量で教師としての能力を判断してきました。それを変えるのは大変なことです。私も何年もかかりました[21]」

リンとジョンは新しい教え方を身につけた今、元のやり方にはもう戻らないと言います。ヨーク・スクールの先生方も同じセリフを口にします。ガイド付き即興法はやりがいがあり、モチベーションを刺激するのです。教え子の学びぶりが目に見えてわかります。自分のしていることを心から信じられます。ガイド付き即興法を使った創造的な知識の教え方を身につけたら、詰め込み教育にはけっして戻れなくなるでしょう。

未来の創造的な教師のために

教育に変革を起こすためにあなたが取り組める方法は三つあります。一つは外から学校を支援する方法、例えば新しい教育ソフトウェアを開発したり、地域の教育委員会に参加したりするなどです。私の場合は、学習科学の研究者になり、最も効果的な学習が実現する創造的な授業を研究する道を選びました。二つ目の方法は、今の公立校に見切りをつけ、一から新しく始める方法です。彼ら教育改革者は、今の学校には官僚主義がはびこっていて変化は望めないと考えています。そこで従来型の学校の外で、チャータースクールや私立校、あるいはインターネットを介した新しい教育サービスによる教育の革新に挑戦しています。

本書は第三の道を選んだ人々のために書きました。内側から、自身の創造的な授業で学校を変革することを選んだ先生のために。学生一人ひとりを相手に、日々地道に創造性を育むという難しい仕事を引き受けようとしている先生のために。二一世紀に必要な創造的な教室をつくることに人生を捧げてきた先生のために。

column

創造的な教師の権利章典[c]

- あなたの教える力と教え子の学ぶ力に影響を与える政策や指示に対して疑問を持つのは、あなたの権利である。
- 教え子のニーズに合う最適な戦略を選び、あてがわれた授業計画を受け持ちのクラスに合わせて改変する自由は、あなたの権利である。
- 受け持ちのクラスに合わせた選択と改変が可能なオープンカリキュラムは、あなたの権利である。
- リスクを取り、中には失敗に見えるものがあったとしても責められないことは、あなたの権利である。
- アイデアを共有し助け合うことが当たり前の職場環境は、あなたの権利である。
- プロフェッショナルとしてふさわしい扱いを受けることは、あなたの権利である。

第二章

創造的な知識を教える

一九九四年に心理学博士号を取得して以来、私は創造性と学習の研究にキャリアを捧げてきました。当時と比べると、創造性と学習に関する知識は激増しました。人が学習によっていかに創造性を身につけるかを今の研究者はよく知っています。ところがこの研究は現場の教師に届いていません。私が本書を書いたのはそれが理由です。ほとんどの教職プログラムが創造性にまったく触れず、ほとんどの教職の教科書が創造性の育て方を教えていません。[1]ですから創造性を教えるテクニックを身につけている教師がごくわずかしかいないのも当然といえます。[2]

私は自分の研究成果を共有したいとの思いから、アメリカ各地で創造性と学習をテーマに講演を行っています。講演の前後に交わしたやりとりから、講演を聴きに来た多くの人々に共通する、創造性についての誤解がいくつかあるのを知りました。創造性を司るのは右脳である（間違い）とか、子供は生まれつき創造的だが学校に創造性を殺される（誤解をまねきやすい）など（この章の最後に詳しく述べます）、害のない思い込みもあります。しかし私が最も憂慮するのは、創造性が普通の人間には縁がないかのように思わせてしまう誤解です。創造性は傑出した天才だけのものだと聞かされてきた人々がいます。創造性は精神を病んだ人だけが発揮するものだとか、少々変わり者でなければ創造的になれない、あるいは創造的な人は規範に反発する社会のアウトサイダーだと考える人々もいます。創造性がそういうものだったら、教える術などないでしょう。しかし、こうした思い込みがいずれも真実でないのは、研究によって今では明らかになっています。[3] 創造性は遺伝する資質ではないし、天才や精神を病む人だけの才能でも、一握りの芸術家だけが持つ資質でもありません。

革新的なアイデアをもたらすのはその分野をよく知らない新参者か素人だ、という声も聞きました。知識が思考に制約をかけ、既成概念にとらわれない発想を妨げるというのです。だとしたら、ある分野の年配のリーダーや専門家にとって、知識はことのほか問題となります。彼らは今の分野に人生を賭けてきただけに、抜本的な変革を引き起こすアイデアをことごとく排除しようとするはずだからです。つまり、知識があるほど創造性が乏しくなるわけです。もしそうなら、教育の効果が高いほど、創造性は失われていくことになります。これは教師にとって恐るべき考えではないでしょうか。

しかし、知識が少ないほど創造的になれるというのは神話です。どんな分野でも、創造性はその分野に関する豊富な知識を土台に発揮されます。まったく何もないところで創造することはできません。あるテーマの中で、そのテーマの知識を使って創造しなければならないのです。自然科学者のチャールズ・ダーウィンから物理学者のアルバート・アインシュタインや画家のジャクソン・ポロックまで、たぐいまれな創造者たちは何年もかけて先人の業績を学んでいました。ただし、浅い知識を学ぶだけではいけません。創造性は**創造的な知識**をベースとしているからです。創造的な知識とは、連続性を持った理解、認知構造、思考習慣であり、これらはあらゆる教科の学習内容に組み込まれて学ぶのが最も効果的です。[4] 人体、例えば腕のしくみについて初めて学ぶ時、学生は肘の丸いでっぱりや五本の指など目に見える部位に注目します。創造的な知識があれば、説明モデルが理解できます。つまり、肘の関節のつくりがどのように可動域を制限しているか。重さの位置と、腱が骨に結合している場所との関係から、それを持ち上げるために腕から生じるトルク〔一点を軸として物体が回転しようとする力〕の大きさがどのように説明されるか。第三種てこにおいて、トルクは力点に加わる力（上腕二頭筋の力）と支点からの距離（肘から腱が前腕に付着している点までの距離）の積であるという公式を、学生が単純に暗記するだけにはなりません。[5]

学習科学の世界で、創造的な知識がどのように教えられるか、学べるかの理解は飛躍的に進みました。この章では、私たちが教えるべき創造的な知識とはどのようなものか、その知識がなぜ、どのようにして創造性を支えるのかを述べていきます。

創造的な知識と浅い知識

詰め込み教育で学べるのは教科の浅い知識です。しかし浅い知識は創造性を支えてくれません。幸い、今では創造性を支える知識がどのようなものか研究によってわかっています。それは創造的な知識であり、浅い知識とはあらゆる面で異なります。

創造的な知識とは深い知識である

創造的な知識があれば、学んでいる教材を理解し、それを使っていかに考えるべきかがわかります。浅い知識は起きた出来事を暗記するだけですが、創造的な知識があれば、なぜそのような出来事が起きたのかを説明できます。浅い知識とは暗記した大量の事実です。それに対して、創造的な知識があれば、事実の由来と、どうしてそれが真実だとわかるかが理解できます。

浅い知識は世界についての事実の集積です。例えば次のようなものです。

- 単語の正しい綴り
- 標準的なQWERTY配列キーボード上の文字の位置
- 掛け算表〔九九〕
- 水の化学構造（H_2O）

私自身は、今挙げたものはすべて学ばなければならないと考えています。人によってはあれもこれもと追加して、このリストはどこまでも長くなっていくに違いありません。創造性を教える＝教科の知識を教えるのをやめるという意味だとしたら、創造性教育はどうみても分が悪いでしょう。進歩的な教育に対してよくある批判は、厳しさが足りない、学生が大事な事実やスキルを学ばない、だからです。

安心してください。創造性を教えることと事実を教えることは対立しません。事実を暗記しても創造性は減りません。事実を教えるのをやめたからといって創造性が増すわけでもありません。ある科目で創造的になるためには、たくさんの浅い知識を覚える必要がありますす。読み書きできるようになるには語彙を学ぶ必要があり、多くの創造的な作家は人並み以上に豊かな語彙を使いこなしています。数学の計算をするには九九や分数の足し算

> 死んだ概念を教える教育は役に立たないだけでなく、何より有害である。教える主要概念は重要なものだけに数をしぼり、それらの可能な限りの組み合わせのなかで考えさせるべきだ。
>
> A.N. Whitehead, 1929, pp.1-2

など、覚えなければならないことがたくさんあります。私はガレージで趣味の工作をする時、パーツの計測にこのような知識を活用しています。

創造的な知識には浅い知識――詰め込み教育で教えられるのと同じ事実、スキル、手続きが含まれています。ただし、詰め込み教育のときとは異なり、これらの知識は孤立した断片ではなく、豊かな概念のネットワークの中でつながっています。知識はパターンを形成し、深みと意味が与えられるのです。

創造的な知識とは大きな知識である

科学の専門知識に関する研究から、科学の創造性は浅い知識の小片ではなく知識のまとまりの上に花開くことがわかっています。認知心理学では浅い知識の小片を**チャンク**といいますが、[6] 知識のチャンクにつながりがなければ創造性を支えられません。チャンクは知識の要素となる「原子」、学びの最小単位です。浅い知識において、一つひとつのチャンクは非常に小さいものです。科学でいえば、雲の種類や三種類の岩石の名前を覚えたり、あるいは cirrus〔シーラス、巻雲の学名〕とか metamorphic〔変成岩のこと〕の正しい綴りを知っていたりするのがチャンクにあたります。

詰め込み教育では知識の小片を一つひとつ順番に学んでいきます。ガイド付き即興法でも、詰め込み教育で習うのと同じ浅い知識のチャンクを学びますが、科目をより広い視野で理解しながら、チャンクをひとまとまりのものとして学ぶのです。創造的な知識は浅い知識のチャンクをまとめて複雑な全体像を作り上げます。詰め込み教育ではアメリカ合衆国の五〇州一つひとつの名前、形、州都、連邦に加入した年を覚えさせます。それに対して、創造的な知識があれば、学生はその州の誕生に至った社会的・政治的な力学や、なぜその州が今の形になったのかを考える方法がわかるようになります。私は小学校で五〇州の州都を暗記して賞をもらったことを今でも覚えています。しかし各州の歴史については、数年前にテレビ番組の秀作『How the States Got their Shapes（五〇州はなぜ今の形になったのか）』を観始めるまで、あまりよくわかっていませんでした。

創造的な知識にはたくさんの浅い知識が含まれています。しかしその知識のチャンクはつながり合って豊かな概念構造を形成しており、学生はなぜ自分がその知識を学んでいるのか、より深い概念構造の中でその知識がどんな意味を持つのかがわかるようになります。

創造的な知識とはつながりを持った知識である

詰め込み教育では、浅い知識のチャンクは頭の中でつながりを持たず、個々が孤立しています。[7] 知識が複雑な体系の中でどう関連し合っているかを学生は学びません。全体像を学ばないのです。

数年前、私は二週間ほど、ジェリーという中学生の数学の勉強を手伝いました。まず、3/8とか18/72などの分数の足し算、引き算、掛け算をやりました。次に0.25のような小数で同じ計算をする方法を勉強しました。最後に、40%か75%のようなパーセントでの計算法に取り組みました。三つの単元それぞれの終了時に、ジェリーはワークシートの三〇問を全問正解しました。

いうまでもなく、分数と小数とパーセントは同じ数を違う形で表現したものです。例えば1/2と0.50と50%はいずれも等しい。私はジェリーにもそれがわかっていると思っていました。ところが三単元を終えてから話をしているうちに、ジェリーがこの三つの数学の単元に関連があるのをわかっていないと知って驚きました。彼は関連性のない三つの数学の手続きを学んだと思っていたのです。

これら三つの単元をつなぐ基礎概念を教えずにおいて、学生がその概念を学べるなどとどうして期待できるでしょうか。なにはともあれ、ジェリーは教えられたことを学び、宿題に出された課題で満点を取りました。数学の手続きをばらばらの浅い知識のチャンクとして教え、浅い知識のみを成績評価したのでは、学生はつながりを捉えた基礎概念を学ぶはずがありません。

創造的な知識は柔軟である

創造的な知識は柔軟で応用がききます。学生は、それぞれの科目の知識が動的でたえず変化していることを学びます。新しい知識が、自分が学んでいるのと同じ創造的なプロセスから生まれてくることを理解します。これを心理学では**適応的熟達**（adaptive expertise）といいます。つまり、新しい状況に出合っても応用できる知識です。[8]

浅い知識だけを習うと、学生は知識とは固定的で決まりきったもの、ずばぬけて頭のいい過去の人々によって発見されたものとして学んでしまいます。自分が学んでいる知識が創造的なプロセス、つまり科学者の発見、技術者の発明、歴史家の洞察に満ちた分析、数学者の証明や公式から生まれたことに気がつきません。すべての知識は創造されたものであることを学ばないので、自分にも知識が創造できるという発想ができなくなります。

浅い知識は永久不変で固定的です。硬くて脆い——小さな知識のチャンクは変えようとすると壊れて役に立たなくなってしまいます。硬くて脆い素材でできた建物は、地震で簡単に倒壊します。もしかわりに柔軟性のある素材で建てられていたら、しなって揺れますが崩落はしないでしょう。浅い知識が新しい状況や問題に**転移**（transfer）しないのはそれと同じです。浅い知識は学生が学んだ文脈と本質的に同じ状況にしか適用できません。それに対して、創造的な知識は新しい問題ごとに変更を加えて適用できます。これはスキルと理解の違いにも通じます。

例えば、バスケットボールの初心者はドリブルやシュートやパスの学習に専念します。こうしたスキルを知っていたからといって野球やホッケーがうまくプレーできるわけではありません。しかし経験を重ねるにつれ、深い理解が生まれ、他のチームスポーツにもそれを転移できるようになります。例えば、オフェンス側が利用できるスペースを必ずふさぐ、というディフェンス戦略の要を理解するのです。[9] その時点からあなたは単純なテクニックを超えた境地に移り、創造力のある選手への一歩を踏み出します——一九九九年NCAA男子サッカーチャンピオンシップ大会でオフェンスの最優秀選手に選ばれたユーリ・ラブリネンコのように。

ミッドフィールドでボールを受けてドリブルを始めた時は、すぐパスするつもりでした。しかしチームメートたちがスペースを空けてくれたので、走り続けました。アレクセイにボールを出したら、相手チームの選手二人が彼の方に行き、おかげで私のスペースが広がったのです。[10]

大事なのは「オフェンススペースを作ることと制限すること」であり、これはバスケットボール、アイスホッケー、サッカー、水球、フットボール、ラクロス、ラグビー、フィールドホッケーにあてはまります。自分がオフェンス側だったら、ムーブやフェイクを使って味方の選手をオープンにしようとする。自分がディフェンス側だったら、オフェンススペースを常にふさいでおく。ディフェンスだろうとオフェンスだろうと、この深い理解があれば、一見すると練習でやっていた通りの動きでなくても、相手チームに創意に富んだ対応をするだけの力がついています。創造的な知識を学べば、状況が異なっても表面上のディテールに共通するパターンが理解でき、見えるようになるのです。

創造的な知識は思考と行動を支える

創造的な人々は自分の知識を使っていかに考えるかを知っています。見たこともない新しい問題の解き方がわかっています。自分が何を知らないか、何を質問すべきかを心得ています。学生に創造的な知識が身についていれば、その分野の経験豊富なクリエイターたちのように思考することができます。

私は科学者、技術者、芸術家と話をしてきましたが、創造的であるとはその分野の知識を使っていかに考えるかを知っていることだと皆が口を揃えて言います。「いかに考えるか」は能動的かつ動的です。それは未来に向かって前進する可能性に満ちています。浅い知識は不活性で、静的です。浅い知識があっても何も行動できません。視線が未来ではなく過去を向いています。

創造的な思考とは、与えられた情報から踏み出して、既存のアイデアを新たに組み換え、基礎的なフレームワークと概念を基盤とした深い理解でもって新規の問題にアプローチすることです。

創造的な知識は新たな学びの下地を作る

創造的な知識を学べば、その後の学習への下地ができます。次の授業や単元で関連する知識を学ぶ際に、学習と理解の質が上がるのです。数週間、あるいは一学期間も創造的な知識を学んでくれば、各単元の学習成果に推進力がつき、創造的な知識の好循環が回るようになります。創造的な知識は深くて柔軟なので、次の単元との概念上のつながりがよくわかるのです。

高い成果を上げているある公立校の九年生〔日本の中学三年生に相当〕の数学の授業で、さまざまな現象の変数を線形目盛で定量的に測定する自分なりの方法を考案しなさい、という課題が出されました。[11]教師は講義するのではなく、生徒に問題の解き方を自分で考えさせたのです。教師は生徒を正解に誘導するかわりに、自分の取り組みを説明させたり、考案した手続きが本人の「常識」と合っているかたずねたり、もっと一般性のある解決法を考え出すよう促したりしました。[12]解答はグループごとに異なり、グループが違うと必ずしも同じ量的特性に気づくとは限りませんでした。[13]

従来のやり方で変数の測定を教えるのであれば、教師と教科書は単純に平均偏差の公式を示して生徒に覚えさせるでしょう（図2－1参照）。しかしこの創造的な授業では、公式を教える前に、生徒に次の二問（問題一と問題二）のどちらかを自力で解かせました。

問題一　陸上競技のスターは誰だ

ビルとジョーは陸上のアメリカ代表選手です。二人とも昨年、世界記録を破りました。ビルは走高跳で八フィート（約二メートル四四センチ）跳び、世界記録を達成しました。ジョーは走幅跳で二六フィート六インチ（約八メートル八センチ）跳び、世界記録を達成しました。さて、ビルとジョーの間で口論が起きています。それぞれが自分の記録のほうが優れていると考えているのです。あなたが勝敗を決める手伝いをしなければなりません。表A1のデータをもとに、走高跳の世界記録を破った八フィートと、走幅跳の世界記録を破った二六フィート六インチのどちらが優れているか決定しなさい。[14]

問題二　良い成績を取るには

二人の化学の先生が前年に出した成績が示されている。ジュリーが良い成績をもらうにはどちらの先生の化学の授業を取ったらよいだろうか。

図2－1　平均偏差の公式

$$\frac{\sum_{i=1}^{n} \left| x_i - \bar{x} \right|}{n}$$

表A1　「陸上競技のスターは誰だ」に関するデータ[a]

2000 年の走高跳の成績		2000 年の走幅跳の成績	
高さ	試技数	距離	試技数
6'6"	1	21'6"	1
6'8"	2	22'0"	2
6'10"	3	22'6"	2
7'0"	5	23'0"	9
7'2"	6	23'6"	9
7'4"	7	24'6"	4
7'6"	4	25'0"	1
7'8"	1	25'6"	1
8'0"		26'6"	

カーボン先生…………　A^{+}　A^{+}　A^{-}　C^{+}　C^{+}　C^{+}　C　C　C^{-}　C^{-}　C^{-}　C^{-}　D^{+}

オキシジェン先生……　B^{+}　B　B　B　B　B^{-}　B^{-}　B^{-}　B^{-}　C　C　C^{-}　C^{-}　C^{-}　D^{+}　D^{+}

◈この問題には新しい課題が入っています。生徒はジュリーがカーボン先生のハイリスク・ハイリターン型の成績評価を好むかどうかを判断するだけでなく、サンプルの大きさが異なる非定量的なデータを扱う必要がありました。[15]

生徒全員がどちらかの問題に取り組んだ後で、変数を測定するための基本的な公式について講義を受けました。その後、九年生たちが自分の知識をまったく新しい問題に応用できるか、研究者が確認を行いました。今度のテストでは、生徒たちは一つではなく二つの変数を扱わなければなりません。それが次の「ホームラン打者」問題です。この問題を解くには、生徒が明示的に教わっていない二変数のデータにおける共分散の概念が必要です。九年生の三四パーセントが、かなり複雑な概念である共分散の測定法を考え出しました。[16]

問題三　ホームラン打者

人は違う時代の人物を比較するのが好きです。例えば、ベーブ・ルースはマーク・マグワイアよりもパワーヒッターだったか。ボールもバットもスタジアムも当時と今では違うので、どちらが遠くまで球を飛ばしたかを単純に比較するのはフェアではありません。マーク・マグワイアのほうがホームランの飛距離が長かったかもしれませんが、それは今使われているボールのほうが弾力性があるためかもしれません。

ジョー・スミスとマイク・ブラウンのどちらが強打者かをめぐって、二人の人が言い争っています。ジョー・スミスのホームランの最長飛距離は五四〇フィートです。その年に全選手が打ったホームランの平均飛距離は四二〇フィートで、平均偏差は七〇フィートでした。平均偏差とはすべてのホームランが平均にどれだけ近いかを表します。マイク・ブラウンのホームランの最長飛距離は五九〇フィートです。その年のホームランの平均飛距離は四五〇フィートで、平均偏差は九〇フィートでした。あなたはジョー・スミスとマイク・ブラウンのどちらが強打者だと思いますか。あなたの意見を数学で裏づけなさい。[17]

分散についての深い知識を必要とするこの二変数の問題が、トップクラスの大学で統計学の講座終了後に出されました。そしてなんと、まともな解答を出したのは大学生のたった一二パーセントでした！　それだけ二変数と共分散が複雑な概念であることがわかりますが、九年生でこの問題を解けた者が大学生の三倍近くいたのはなおさら驚きです。大学生のほうが成績が悪かったのは、統計学の授業が詰め込み教育で行われたからではないかと研究者は指摘しています。[18] 他方、九年生は創造的な知識を学びました。問題を解く自分なりの方法を探索し、考案しました。教師は指針は与えましたが正解も不正解も教えなかったので、九年生たちは大学生よりも創造的な深い知識を身につけていたのです。彼らは「中心傾向」や「ばらつき」といった線形分布の基礎概念を理解し、その理解がしっかりしていたおかげで、学んだ内容を超えて創造性を発揮する下地がトップクラスの大学生よりもできていたのです。

創造的な知識は学際的な研究を支える

創造的な知識は、ある科目の知識を別の科目の知識につなげる力をつけてくれます。科学的イノベーションの研究から、きわめて創造的なアイデアの多くは、複数の知識体系を学際的に結びつけて生まれたことがわかっています。創造性研究ではこのような新しいアイデアを**遠隔連想**（remote associations）といい、遠隔連想は類似した知識を組み合わせて新たに創ったアイデアよりも創造性が高いことが明らかにされています。

最も成果を上げている創造的な授業に、異なる科目の知識を学生に創造的に組み合わ

オーリン工科大学では、半数の学生が「持続可能な開発のための設計」や「数理生物学」のような学際的な研究テーマに取り組んでいる。また同大学は他校に先駆けて、バイオエンジニアリングなどの学際的な専攻科目を新設してきた。

Wagner, 2012b

せさせ、学際的な知識を教えるものがあるのはこのためです。複数の知識体系を必要とする問題に取り組む場合、それぞれの科目で深い知識を構築していなければなりません。きわめて効果の高い授業計画には、科目横断的な設計のものもあります。

創造的な知識があり、深く理解していれば、(例えば)化学で学んだ分子構造と電流における原子の構造の関係が見えるようになります。(社会科で学んだ)歴史と文化の文脈が(国語で学ぶ)文学形式にどのような影響を与えているかが理解しやすくなります。

複数の分野の創造的な知識があったほうが、学際的な洞察ははるかに得やすいのです。各分野の創造的な知識は応用がきくので、変更を加えたり「引き伸ばし」たりして、別の分野の別の知識につなげられます。学校全体ですべての授業、すべての科目で創造的な知識を教えれば、学生の創造性のポテンシャルは掛け算で伸びていきます。各科目で創造性を発揮する力がつくだけでなく、科目同士をつなげる創造性も身につくのです。創造的な知識をつなぎ合わせれば相乗効果が生まれ、全体は部分の総和にまさるでしょう。

column

トマトの収穫b

ある技術者のチームが、トマトを傷つけずに摘めるトマト収穫機の設計に取り組んでいた。いろいろと創意工夫に富んだ解決策を思いついたが、どれ一つうまくいかなかった。やがて、数人の植物学者がチームに迎え入れられた。技術者と植物学者が一緒に問題を捉え直した。皮が傷つきにくい新しい品種のトマトを作り出したらどうか。この新しい問題設定によって、学際的なチームは簡単には傷つかない皮の厚い新種のトマトを開発したのだった。

「カバー主義の罠」を乗り越える

詰め込み教育の学校では、教科の知識をできるだけたくさん、最短時間でカバーすることに目標を置きます。私はこれを**カバー主義の罠**（coverage trap）と呼んでいますが、学生が粒ぞろいで試験で最高得点を出すような優秀な学校ほど、この罠に陥りやすいかもしれません。なぜ罠かといえば、学生が大量の浅い知識をマスターし、その浅い知識をどれだけ学んだかをテストされれば、詰め込み教育に効果があるかのように見えてしまうからです。これでは、知識の幅よりも深さに力を入れた創造的な知識を教えよう、と変革を訴えるのが難しくなりかねません。学生は教わった浅い知識のほとんどを必ず忘れますが、忘れる前、単元や学期が終わった直後にテストを受けている限り、詰め込み教育は大量の浅い知識を早くカバーするのに効果的であるように見せかけられます。そのようなテストで学生が良い成績を取っていれば、良い学校である証拠と受け取られやすいのです。親も学校の管理職も過信を抱くようになります。うまくいっているのだから、抜本的な改革の必要などないではないかと。もちろん、トップクラスの学校でもさらに上をめざそうとするでしょうが、その向上意欲は詰め込み教育に磨きをかけるか、カバーする範囲を広げることに向けられてしまいます。

一九六〇年代に、医学部の教員たちが、医学部一年生が大学初年度の肉眼解剖学の授業で暗記した何千もの新しい用語をどれだけ覚えているかを調査しました。学生たちはテストを受け、時間をおいて再テストされました。その結果からカバー主義の罠の問題点が明らかになりました。学生たちは「学んだ」内容をほぼすべて、ごく短期間に忘れていたのです。このデータは発表されると医学教育に大きな影響を与え、現在の解剖学の教え方は抜本的に変わっています。[19]

最も成功している学校は学習をカバーするという観点で考えません。そのかわりに、幅より深さを優先した創造的な知識を重視しています。このような学校の学生が、授業でそれほど多くの教材を「カバー」していないにもかかわらず、意外にも現在の浅い知識のテストで他の学生と遜色ない得点を上げていることが研究によってわかっています。なぜでしょうか。学生が自分の深い知識を使って、大元の原理から浅い知識を導き出せるからです。

フィンランドが教育で起こした奇跡は、学校がカバー重視の教育から方向転換すれば何が可能になるかを示す心強い例です。[20] 七〇カ国以上で実施される国際学習到達度調査（ＰＩＳＡ）で、フィンランドの生徒は国際ランキングトップの得点を叩き出しています。[21] それに対してアメリカの生徒の得点は参加国のちょうど中間に位置します。ＰＩＳＡは単なる選択式の記憶力を試すテストではありません。深い、創造的な知識を評価します。[22] フィンランドでは、他のほとんどの国にくらべて、授業でカバーする教材の数は少なく、講義を受ける時間も宿題の量も少ないほうです。学校に上がる年齢も七歳からと比較的遅いのです。フィンランドでは教師が教える時間も短く、アメリカの年間一〇八〇時間に対して約六〇〇時間ほどです。これは一日六時限に対して一日四時限の違いに相当します。ただし、フィンランドの教師は早く帰宅しているわけではありません。翌日の計画を立てたり、授業内容やカリキュラムや成績評価法を独自に開発したりしているのです。

四年ごとに五〇カ国で数学と理科の学習到達度を比較する国際数学・理科教育動向調査（ＴＩＭＳＳ）によると、アメリカの理科と数学のカリキュラムは浅い知識のチャンクを他国に比べてはるかに多くカバーしています。[23] 他国の教育者の間では、深い理解と創造的な知識に力を入れる自国の学校にひきかえ、アメリカのカリキュラムは「幅一マイル、深さ一インチ」と言われることがあります。[24] 一流科学者の団体、アメリカ科学振興協会（AAAS）は二〇一五年に、このような浅いアプローチはうまくいっていないと主張しました。同協会は、「カバーすること」と「学科の概要を教えること」に置かれた教育目標を批判しました。その目標が、学生が概念同士のつながりを学び、事実やアイデアを結びつけて一段深い概念のネットワークを形成するのを困難に、それどころか不可能にさえしてしまう教授法の元凶になっているというのです。[25]

アメリカのカバー重視の教育は創造的な知識の習得に役立たないばかりか、浅い知識を教えることにも効果を上げていません。第一章で紹介したように、学生の記憶の定着率は低く、理解も深くなく、学んだ内容を学校の外で応用する力も非常に弱いのです。詰め込み教育は学生の能力を強化するどころか、アメリカの学生の学習到達度を相対的に下げていたのです。TIMSSの研究では、創造的な知識を重視する国の子供たちが、アメリカの子供たちに数学の成績で大きく差をつけていることがわかっています。[26] 常に世界五位ないし一〇位以内にランク入りするフィンランドの学校では、年度の学習成果をいくつかの大きな概念にしぼり、創造的な知識を得られる深い理解に力を入れています。[27] カリキュラムに浅い知識を増やしても、学生のより良い学びにはつながらないのです。

column

教えを少なく、学びを多く[c]

シンガポールの教育省は創造性とイノベーション教育をめざして学校制度改革を行った際、「教えを少なく、学びを多く」という政策を掲げた。創造性を育むためにはカバーすることを重視するよりも、基礎知識（コア・ナレッジ）と理解とクリティカル・シンキングを重視すべきとの認識に立ったものだ。

創造性の学習と州の学習基準

オハイオ州アクロンにあるナショナル・インベンターズ・ホール・オブ・フェイム・スクールは、州共通テストの調整前の得点でアクロンでは三本の指に入るトップ校です。この学校の生徒の四二パーセントは貧困層です。同校は、浅い知識ではなく創造的な知識に力を入れるよう教え方を改め、生徒の学習効果を上げることに成功しました。[28]

一つ例を挙げましょう。ある教師のグループは五年生を対象に、オープンエンドの〔決まった正解のない」プロジェクトづくりに取り組みました。オハイオ州のカリキュラム要件を満たしながら、生徒の日常に密着した課題を考案したのです。それは「図書室の騒音を小さくするにはどうしたらよいか？」でした。図書室は交通量の多い公共スペースに面していたため、尋常でないうるささでした。窓を閉めても騒音が入ってきます。分かりきった解決策はなかったので、生徒たちは常識にとらわれない発想をしなければなりませんでした。

教師は四週間を一単元としてこのプロジェクトに充て、反復を伴う、予測のつかない創造的プロセスを生徒が経験するのに必要な時間を確保しました。四週間もの貴重な授業時間を費やすため、生徒がオハイオ州の学習基準を幅広くマスターしながらも、次に挙げるいくつかの創造的な思考習慣にたずさわるような創造的プロセスを設計しました。

◈ 気づき

生徒はまず、関連データを探すところから出発し、教師にガイドされながら、幅広い科学の概念について創造的な知識を得るための探究プロセスを通っていきました。生徒は探索するあいだに、教科の知識をたくさん学びました。音は物質の中をどのように伝わるのか。騒音を最も抑える物質はどれか。

◆発散思考

次に、生徒たちは**発散思考**（divergent thinking）として知られる創造的思考法で、解決策の候補をたくさん出しました。窓にカーテンを下げたら効果があるだろうか。窓際に大きな植木を並べたらどうか。効果的な創造的プロセスにするには、とてもうまくいきそうにない突飛なアイデアを出すことが重要です。生徒たちは次のようなアイデアを多数考案しました。「天井から大きな凧を吊るすのはどう？」「巨大な水槽を買って魚を入れ、窓がわりにできるかな？」

◆上手な問いかけ

生徒たちは教師のガイドによって、問題を違う視点から捉える方法を考えます。例えば、騒音を小さくするアイデアを探索するかわりに、本当の問題は生徒の気が散ることではないか、と考え直します。図書室の機能を、個々人が静かに学習する場ではなく、声を出して活動的に学習する場と再定義してもよいかもしれない。滝の音のようなリラックスするＢＧＭを流したら、騒音は問題にならないかもしれない。

◆実験

ここまで来たら、教師が生徒を創造的プロセスの次のステップに導く準備は完了です。生徒はダンボール箱、ストロー、つまようじなど安価な素材で即席の模型やプロトタイプを作りました。

このプロセスの最後に、生徒はチームごとに自分たちの創造的なアイデアを形にし、提案する解決策を教師と親に発表しました。最終的な解決策は突飛で現実味に欠けるものではありませんでした。教師は生徒を関連する教科内容の知識にガイドしていたので、生徒たちの提案は実現性があるものとなったのです。生徒はチームで今後さらに探索すべき課題と制約を見つけていました。例えば、植木と水槽のアイデアを成功させるためには、夏休み中や用務員が休みを取る時に誰かがその世話をしなければならないという大きな課題があることに気づいたのです。

教師のガイドで創造的プロセスを経るうちに、生徒は科学の創造的な知識を学習しました。オハイオ州が五年生のカリキュラムとして定める学習基準の重要な要素が身についたのです。彼らの創造的な知識の学習成果は、音波と物質構成の理解（科学）、単位あたりの計算や百分率のような等式を使った素材コストの推定（数学）、自分たちが提案する解決策に説得力をもたせる説明文を書くこと（国語）でした。

創造的な思考習慣

ナショナル・インベンターズ・ホール・オブ・フェイム・スクールの例は、ガイド付き即興法によってどのように生徒に創造的プロセスを経験させ、同時に教科の知識を学ばせられるかを教えてくれます。しかも、生徒は創造的プロセスに参加することによって、ガイドされながら各科目で創造性を高める領域一般的な〔他領域にも通用する〕思考習慣を経験します。これらの思考習慣は、生徒が創造的な知識を基盤とした即興的で探索的なプロセスに効果的に取り組み、創造性が実を結ぶ方向へとプロセスを推進する力になっています。

ガイド付き即興法

アイデア、発明、創造的な問題解決は、即興的で予測のつかないプロセスから生まれることが、さまざまな創造性に関する研究によって示されてきました。それはジグザグな道筋です。創造性は洞察から実行への直線的な道筋から予測可能な形で発現するのではありません。成功するクリエイターは非直線的なプロセスを反復しながら進みます。プロセスの同じ地点に何度も立ち返り、そのたびに新たな目で見直します。クリエイターは行き詰まることもあれば間違いもおかします。しかしやり直して、常に前に進み続けるのです。[29]

「図書館の騒音」プロジェクトが生徒に突飛で非現実的なアイデアから出発させたのはこのためです。創造性の道筋は直線的ではありません。教師は単元の初めに、生徒に四週間で完了する計画を考えなさいとは言いませんでした。初めから終わりまで完成した道筋を最初に計画してしまうと、創造性は生まれにくいからです。教師は生徒を、予想外の展開を伴う即興的なプロセスに導いていきました。生徒は始まりの時点では重要だと思わなかった、周囲の環境にある要素に新たに目を開かれました。多くのグループが、問題への当初のアプローチが間違っていたことに気づき、視点を変えて別の道筋に挑戦しました。創造的な学習では、生徒は行き詰まりを経験し、時には誤った答えや概念を発展させます。しかし、最終的に正しい解決法を学んだ時には理解がいっそう深まっており、その知識を使って創造性を発揮する下地ができるのです。

問いの発見

問題の考え方をよく知らずに取り組み始める時こそ、最も意外性のある創造的なアイデアがわきます。生徒が問題解決に行き詰まるとき、いちばんよくある理由は問いの立て方が間違っていることです。一九八五年のある研究によると、反復的な探索プロセスを用いた中学生は、問題を違う視点から捉え直して新たな問いを思いつく傾向が高かったそうです。そのおかげで、早い段階で考えを決めて最後まで自分の選んだ道筋に固執した中学生と比べ、彼らは独創性の高い問題解決策を生み出しました[30]。教師は生徒に自分で立てた問いを説明させ、自分の解決策が「常識」と合っているかどうか問いかける形で、生徒を手伝うことができます[31]。創造性が最も発揮されるのは、新しい問題を発見したり、新たな問いを立てたり、状況の捉え方を変えた時です。プロジェクトに仕込まれた問いを教師が生徒に解説しないほうがよいのです。それよりも、生徒をガイドしながら即興的な創造のプロセスを経験させれば、生徒は課題に取り組みながら自分自身で問いを見つけます。

マインドフルな気づき

創造的な人々は自分の周囲の状況によく気がつきます。例えば、「図書館の騒音」プロジェクトで、教師が生徒を窓ばかりに注目しないようガイドしたところ、ある生徒が上を見上げて天井に目をとめ、凧を吊るすアイデアを思いつきました。特定の作業に集中している時でも、創造的な人々は頻繁に周りを見回し、遠くに目をやります。そして面白そうなものに気がつきます。たとえ今取り組んでいる創造性の課題に明らかな関係がなくてもです。生徒が正解を見つけることに必死になり、できるだけ早く問題を終わらせようとしていると気づいたら、前のめりになっていた姿勢を正して深呼吸し、一、二分ほど辺りを眺めてごらんと声をかけるといいでしょう。

遊び心

創造的な人々は常に新しいことを試しています。一見すると直線的な道筋を邁進するには役に立たないような実験をします。問題の空間を探索し、周りの環境を見渡し、そうしながら数々の小さなアイデアを思いつきます。生徒は解決につながるかどうかわからない道筋を進み始めると、進み続けるために何を知っておかなければならないか、戻って別の道を試すべきかを判断するために、教科内容の知識とたえずじっくり付き合わなければなりません。生徒が即席の単純なアイデアを一通り出したら、教師は生徒をガイドして、その小さなアイデアを組み合わせ、創造的な知識に基づいたもっと深くて大きな、創造的な解決策を生み出す方法をあれこれ遊びながら模索させることができます。

失敗の受容

創造的なプロセスでは、結局意味がなかったり関連性がなかったとわかるアイデアがたくさん出てきます。まったくの間違いだったとわかるものもあります。行き止まりの道を突き進んで時間を浪費することもあるのを、創造的な人々は心得ています。過剰に落ち込んだりフラストレーションを感じたりしないのは、それが探索と活発なアイデア創出のプロセスに不可欠だと知っているからです。どの失敗も小さいので――多大な時間の投資を要する一つの大きな解決策で問題を解こうとしていないからです――、彼らは立ち直って前に進めます。

教師は生徒の間違った答えを逆手に取れます。間違った答えを利用して、生徒がすぐに正解にたどり着いた時よりも、もっと深く教えられるのです。**生産的失敗**（productive failure）についての研究によれば、生徒はすぐに正解に達するよりも間違いからのほうが効果的に創造的な知識を学べます。[32] 重要なのは、なぜ間違えたか、正しい答えとはどう違うのかを探らせることです。教師が正解だけに注目して生徒の間違いを無視したのでは、生徒は失敗から学びません。[33] この研究から、失敗をうまく扱えば、生徒はより深い創造的な知識を学ぶことがわかります。[34]

実験し反復する時間

創造的プロセスには時間がかかります。プロセスがいつ終わるかは知りようがありません。自分が正しい問いを立てたかどうか、その問いを解くために必要な情報が手元にあるかどうか、優れた解決策がどのようなものかがわからないからです。「図書館の騒音」プロジェクトでは、非効率で時間のかかる真の創造的プロセスを経験できるよう、生徒に四週間与えました。効果的な学習には時間がかかります。ですから、生徒が宿題を速攻で終わらせるのを妨げる課題設計が実は最も優れています。[35] 教師が生徒に、最初に優れたアイデアを考えて解決策に向かう直線的な計画、つまり効率的かつ迅速に優れた答えに至るような計画を立てさせなかったのはそのためです。「図書館の騒音」プロジェクトは、生徒が詰め込み教育で暗記した決まった手続きの浅い知識で問題を解こうとするよりも、深く考えさせるよう導きました。

数学、科学、歴史の創造的な知識

ガイド付き即興法では、学生が自分で考え出した実践型の活動を行い、先に挙げた創造的な思考習慣を学んでいる教科の知識に適用します。最初に浅い知識を教えてから創造的な思考習慣を教えたのでは遅いのです。創造的なマインドセットが最もよく機能するのは、創造的な知識が基盤になっている時だからです。学生は同じ活動から教科の知識と創造的な思考習慣を学ぶ必要があります。創造的な学校がそれぞれの科目を異なるやり方で教え、科目ごとの創造的な知識に学生を導いているのはそのためです。学生は学習基準で求められている教科内容の知識を浅い知識としてではなく、創造的な知識として学びます。

数学の創造的な知識

コルターベイ中学校の教師ボブ・ナイトは、生徒をガイドしながら即興的な創造プロセスを通して代数を教えています。ナイト先生の授業では、暗記した公式を機械的にあてはめても問題は解けません。[36] ナイト先生は、問題の捉え方を時間をかけて学ばなければならない複雑な問題を出します。実はこれは、単に暗記した浅い知識として公式を学ぶよりも数学的思考の学習に力点を置いた、数学の全米共通学力基準（CCSS）の中核となる思想です。研究者のロバート・インガーがナイト先生に、なぜガイド付き即興法を使って教えているのかとたずねたところ、次に挙げる数学的思考を教えるのに最適だからだと答えが返ってきました。この章の前半で述べた創造的な思考習慣と重なるのが興味深いところです。

- 基礎を理解する
- 問題に対するさまざまなアプローチを探す
- 問題を設定した時にどんなアプローチを取るべきかがわかる
- 概念を応用し、概念同士を関連づける

● 別の単元で学んだ概念やプロセス同士を関連づける

数学の創造性は、詰め込み教育の授業で暗記した公式をあてはめることからは生まれません。これには数学の創造的な知識が必要です。二〇世紀有数の数学者ポール・ハルモスは、エッセイ「創造芸術としての数学」で次のように書いています。

数学は創造芸術である。数学者は美しくて新しい概念を創造するからだ。数学が創造芸術であるのは、数学者が芸術家のように生き、行動し、考えるからだ。数学が創造芸術であるのは、数学者がそう捉えているからだ。[37]

数学の創造性には即興、つまり自発的で協力的な行動が必要です。数学の創造的な知識は推論と論証を裏づけます。[38] 学習者は数学の創造的な知識という下地があればこそ、数学的知識を使って即興し、自分自身の知識を構築できるのです。

科学の創造的な知識

二〇〇九年にアメリカの一流科学者が集まり、なぜ学校の科学教育がはかばかしい学習成果を上げていないのかを解明しようとしました。[39] もちろん、学生は科学の授業を受けているし、優秀な学生は標準テストで満点に近い成績を取っています。しかしこれらは詰め込み教育の授業であり、浅い知識を試すテストです。科学者たちはすぐ問題点に気づきました。浅い知識では科学の理解に役立たないのです。浅い知識を暗記する学習では、科学が時間をかけた創造的プロセスであること、創造的な知識に基づいた、誰にでも可能なプロセスであることが学べません。学ぶのが科学の浅い知識だけだったら、科学の知識は他人事の、動かせない真理だと思ってしまいます。科学者の仕事はただ世界を観察し、観察したことを書き留めるだけだと思ってしまいます。科学者の発想法、科学的探究のしくみ、科学者がどれほど創造性を発揮できるか学べません。

科学の創造的な知識は大きくて、深くて、つながっています。次世代科学スタンダード（NGSS）〔二〇一三年に公表されたアメリカの新しい科学教育基準〕は創造的な知識を重視しています。[40] NGSSでは、科学教育の最も重要な学習成果は次の七つの**領域横断的な概念**であるべきだとしています。[41]

1　パターン
2　原因と結果
3　尺度、比率、量
4　システムとシステムモデル
5　システムの中のエネルギーと物質
6　構造と機能
7　システム内の安定性と変化

これら七つの概念は深くてつながっており、応用がききます。この種の創造的な知識は、次のような幅広く創造性の高い科学的活動を支えてくれます。

- 問題に関する大量のデータの収集と生成（発散思考に支えられている）
- データの解釈と解析（組み合わせる思考に関連している）

- データに基づいた概念の形成（想像力豊かな思考に基づいている）
- 個別事例への一般原理の適用（適応的熟達に依存している）

イギリスのブリストル大学で化学を教えるポール・ワイアット教授は、化学の理解には創造的な知識が必要だと私に語ってくれました。[42] 毎年、難関で知られるAレベル試験（大学入学資格試験）で高得点を取ったイギリスでトップクラスの学生たちが、自分の科学の知識に自信をもって教授のクラスに入ってきます。ところがワイアット教授はAレベル試験の得点は信用できないと言います。浅い知識しかテストしないからです。学生がその知識でいかに創造的に考えるかを学んでこなかったことが、このテストではわかりません。このような学生を長年教えてきて、原因は浅い知識しか教えない詰め込み教育の学校にあると教授にはわかっています。学生たちは浅い知識しか学んでこなかったために、真の科学の問題が解けません。しかも、問題を前にどうしていいかわからないのに、自分には問題を解くだけの知識があるという自信は揺るぎません。知識のあてはめ方を間違えたとしか思っていないのです。学生たちは、問題が自分が教わってきた浅い知識の問題と同じだと思い込んでいます。ただもう少しがんばればいいだけだと。しかし取り組めば取り組むほど挫折感がつのります。創造的な問題は浅い知識では解けないからです。

ワイアット教授が経験したことは、高校生の知識に関する多くの研究にも表れています。一九九四年のある研究で、高校を卒業した学生が大学入学時に、学校でやっていたのとそっくり同じ良構造問題〔決まった答えしかない、単純で定義のはっきりした問題〕は解けることがわかっています。[43] ところが、あいまいで、明白な答えや明快な解決の道筋がない自由回答式の問題を与えられると、学生は困惑します。暗記した浅い知識を使うしか策がないので、与えられた問題を良構造問題として解こうとしてしまうのです。

学生たちの浅い知識が化学で創造性を発揮する能力を実際には妨げている、とワイアット教授は考えています。学生たちに教わったことを忘れさせる（un-teach）必要があるのです。これにはなかなか手がかかります。無理もありませんが、詰め込み教育の高校で成功してきた戦略を捨てるのに学生たちは抵抗するからです。カレン・スピアー教授も自分の講座で同じ現象に出合っています。教え子たちは詰め込み教育型の大講堂の授業では成績が良く、講義をノートに取って暗記し、聞いたままを言ったり書いたりするのは非常に得意です。ところが上級講座に進んで、自分で独自に問いを立てたり、まったく新しい解決策を見つけたり、自分の先入観を検証したりしなければならなくなると、途方に暮れてしまいます。教授らによれば、学生たちは「与えられた情報の先に踏み出す」ような試みに強く抵抗するそうです。[44]

column

太陽は恒星である——浅い知識か深い知識か

NGSSは深い知識の学習成果の例として、五年生の問題を挙げている。「太陽は最も地球に近いため、他の恒星より大きく明るく見える恒星である」[d]。この中心概念には二つの浅い事実のチャンクが含まれている。

- 太陽は恒星である
- 太陽は他の恒星よりも地球に近い

生徒はこの二つの事実を覚えることはできる。しかし空を見上げた時、太陽は他の星よりずっと大きいとあいかわらず考えるかもしれない。浅い知識を転移させて現実世界で観察したことを理解し、説明できないのだ。

しかし深い知識では、この二つの事実は概念のネットワークに組み込まれているので、生徒はもともと持っていた考えが誤っていると理解できる。太陽は空のどの星よりもずっと大きく明るく見えるが、他の星より地球に近いから大きく見えるだけなのだと。深い知識がなければ、事実を暗記してテストで良い点はとれても、自分が持っている誤った考えを問い直すことはないのだ。

column

地球の中には何がある？

伝説の教育者ジョン・デューイ教授が、学生は浅い知識しか学んでこなかったという自説を裏づけるものとして一九三〇年代によくしていた話。ある高校の科学の授業を視察した際、彼は生徒たちに「地球に穴を掘ったら中には何がある？」と質問した。教室は静まり返った。誰一人答えを言おうとしなかったので、デューイは質問を繰り返した。それでも誰も発言しない。この二度目の質問の後、教師がうやうやしくデューイの方を向いてこっそり耳打ちした。「質問のしかたが間違ってます」。彼女はクラスに向き直ると、こうたずねた。「地球の中心はどのような状態ですか？」。すると生徒はいっせいに声を揃えて答えた。「火成融合」[e]

この生徒たちは、教わったのと一字一句同じ質問をされなければ使えない、あまりにも浅すぎる知識を学んできたのだ。この話からは、一九三〇年代当時は教師ですら、浅い知識が科学教育の目的だと思っていたことも浮かび上がってくる。現代の私たちのほうがまだわかっている！

歴史の創造的な知識

ほとんどの学生は、歴史を関連性のない固有名詞と年号と場所の羅列として経験します。歴史を専門的に研究するには創造的な知識がおおいに必要なことを、学生たちはあまりわかっていません。もちろん、歴史家は知識の小さなチャンクをたくさん知っていなければなりません。いつどんな事件が起こったか、重要な人物の名前、彼らがどのような経緯で重要になり、何をしたのか、地図上の場所とそれぞれの関係、その他多数の浅い知識のチャンクをです。しかし歴史的な思考には、多くの時代にあてはまる、大きくてつながっていて応用のきく概念を幅広く理解していることが求められます。例えば、数千年にわたるヨーロッパの歴史を理解するためには、小作農、将軍、法律、聖職者、といった概念の定義を学ぶ必要があります。

歴史の創造的な知識はこのような一般化できる概念を基盤とし、それらを結びつけて、たくさんの浅い知識のチャンクを統合する包括的な中核概念を数多く生み出します。次のようなものです。

◆経時的変化

何が変化をもたらし、その変化はどのような形をとるのか。個々の歴史的事件は大きな変化のパターンにどのように寄与しているのか。

◈重要性

どの事件が歴史に最も大きな影響を与えたのか、それはなぜか。歴史で教わる事件と教わらない事件があるのはなぜか。

◈個々人の記述の対立

同じ事件の捉え方は社会的立場によってどのように異なるのか。それぞれの人による記述の信憑性をどう評価すべきか。異なる記述にどう説明をつけ、整合させられるか。

◈歴史的証拠

ある歴史の記述を裏づけるにはどのような文書、人工遺物、その他の記録が必要になるか。ある記述が真実だとしたら、まだ見つかっていないどのような文書が発見されるべきか。歴史のパターンと事件を理解する一助として何を探すべきで、それがあるとすればどこか。

これらの中核概念を、先述のNGSSが科学の学習成果として掲げる七つの領域横断的な概念と比較してみてください。歴史、科学、数学の創造的な知識には共通して、この章の初めに紹介した本質的な特性があります。すなわち、つながっており、深く、大きく、柔軟で、応用がきくということです。

歴史の理解は、前節で述べた科学の理解とまさに同じで、硬くて脆い知識では創造性を支えられないことを見事に例証しています。詰め込み教育で学ぶ浅い歴史の知識は、暗記した固有名詞、事件、年号の羅列です。このような教え方をされた学生は、歴史とはおおむね、物事の状態が変わらないものなのだと思い込むようになります。物事が往々にして時間とともに変化することがわかりません。歴史の劇的な変化とその原因を説明するよう求めると、彼らは困惑してしまいます。たいていは自分が習った浅い事実をそのまま答えます。例えば、その変化は特定の人物によって、特定の日に起こされたと言うでしょう。例として「アメリカの奴隷制はなぜ終わったのか」という質問を考えてみてください。ほとんどの学生が、エイブラハム・リンカーンが奴隷解放宣言を発した時に終わったと答えるでしょう。リンカーンはたしかに重要な役割を果たしましたが、彼の行動は複雑な社会的、経済的、文化的要因の文脈の中でしか理解できません。リンカーンが奴隷解放宣言を発したのが一八六三年一月一日であることを覚えている学生は多少いるかもしれません。しかし、リンカーンがこの日

> 歴史的な思考は直観に反している。歴史を考えるには、日常的なものの考え方や説明とは異なる概念を理解することが必要だ。
>
> Carretero & Lee, 2014, p. 587

に決定する前に考慮した軍事的、政治的条件を説明できる者はごくわずかでしょう。浅い知識しか学ばない学生は、歴史の変化に重要な役割を果たす大きな文化的、社会的、物理的要因を視野に入れて考えることを学ばないのです。

学生は詰め込み教育で歴史を教わると、歴史のさまざまな要素がどうつながっているかを学びません。政治、経済、文化を織り込んだ説明を考え出す術がわかりません。二〇〇〇年に、研究者がアメリカの大学生のグループになぜ一九九一年にソビエト連邦が崩壊したかを説明させました。[45]経済問題、ナショナリズム、あるいは国際的な文脈といった複数要因の相互作用に言及した説明は一つもありませんでした。大学生たちが学んできたのは浅い知識だけだったからです。創造的な知識がないため、深くて意味のある説明を考え出す下地が彼らにはありませんでした。どんな問いを立て、どんな情報を集め、オープンエンドな問題でどう試行錯誤するかを知らなかったのです。

歴史の思考法を深く理解していないと、同じ事実に二人の人物が異なる解釈をする理由を説明するのは非常に困難です。例えば冷戦時代のアメリカとソビエト連邦のように、敵対する者同士で解釈が対立することは特によくあります。一九九一年にソ連が崩壊した後、ジム・ウェルチ教授はモスクワにしばらく滞在し、ロシアの高校生に第二次世界大戦についてのインタビューを行いました。[46]その中に次の質問が含まれていました。「アメリカは戦争終結にどのような役割を果たしたか?」。アメリカの高校生なら、わが国がフランスに侵攻してドイツの第二線を突破しロシアを支援した、だからドイツを倒すうえでアメリカが果たした役割は決定的だった、と答えます。ところがロシアの高校生はウェルチ博士にまったく異なる答えを返しました。ドイツへの侵攻があと一、二年早ければロシアはずっと助かったのに、アメリカは一九四四年まで手をこまねいていたと言ったのです。彼らの見方では、アメリカはロシアが過酷な戦いをすべて終えるまで待っていた。そしてなぜ待っていたかといえば、アメリカの武器製造業者がロシアをはじめとする連合国に武器を売って多大な利益を上げており、戦争が長引くほど儲かったからだ、ということになります。アメリカが侵攻したのは、ロシアが単独で勝って戦後ヨーロッパを支配するのを恐れたからにすぎない、と。念のため、このインタビューが行われたのはロシアが共産主義を放棄し、冷戦がほぼ終結した後です!

ロシアの高校生の話には、アメリカの高校生が学んだのと同じ事実と年号が多く含まれていました。浅い知識のテストであれば、おそらくロシア人もアメリカ人も同一のテストで同等に良い点が取れたでしょう。しかし彼らが学校で学んだ浅い知識は、異なる記述を評価して論証を行う力をつけてくれませんでした。しかし本来は、それこそがどちらの国の学生にも高校卒業までに身につけてほしい力ではないでしょうか。

最近メディアは「フェイクニュース」に注目していますが、現代の政治的議論の問題はそれだけにとどまりません。異なる陣営同士では、ある事実を認める点では一致していても、説明や理解がまったく異なり、全体として見るとまるで別の物語が作られることがめずらしくありません。どの事実が最も重要か、事実と事実がどうつながって大きく複雑な概念構造を描くか、で意見が対立します。異なる物語に対処するには創造的な知識が必要です。学生には、インターネットで事実を検索するよりもずっと踏み込んだことができるようになってもらわなければなりません。

各科目で創造性を教えるには

創造性は領域（学科、科目、分野）固有的な傾向があります。創造性を一般スキルとして教えるよりも、創造性教育が全科目に組み込まれているほうが効果的なのはそのためです。学生に領域一般的な創造性トレーニングを受けさせるよりも、科目に特化した活動や教材を使う創造性トレーニングプログラムのほうが、各科目の創造性は高まります。[47] 例えば、心理学者のジョン・ベアは一九九六年の研究で、トレーニングで創造性は高まるが、創造性の向上はそのトレーニングに使われた領域に限定されることを発見しました。[48] ベアは七歳から四〇歳までの被験者に、物語、詩、コラージュ、算数の文章問題を創作してもらいました。この四つの分野のどれか一つでトレーニングを行うと、その分野の作品の創造性は向上するが、他の三つの分野では向上しないことがわかったのです。

創造性はきわめて領域固有的なものなのかもしれません。中学生を対象としたある研究で、より創造的な詩の書き方を教わった後、彼らの詩の創造性が向上したことがわかりました。これはまったく意外ではありません。ところが全般的な作文能力の創造性は向上しませんでした。彼らが書いた短編物語の創造性は以前と変わらなかったのです。別の研究では、創造性豊かな短編物語を書く人々は、創造性豊かなノンフィクションを書く人々とは思考スタイルが異なることがわかっています。[49]

子供は大人より創造的だと言うのが誤解をまねく理由はここにあります。創造性は領域固有的であり、その領域の創造的な知識を基盤としているのです。学校が創造性を阻む、学校が子供の天性の創造性を削ぐという言い分が誤解をまねくのも同じ理由です。たしかに、詰め込み教育の学校が創造的な知識を教えないのはその通りです。しかし問題は学校ではなく、詰め込み教育にあります。次章で、子供の探索心に満ちた遊びに通じる活動を学生に行わせる、ガイド付き即興法という教授法について述べます。子供時代の遊び心が詰め込み教育によって抑え込まれるのは本当です。その点、創造的な授業は学生の遊び心のあるマインドセットを歓迎します。創造的な知識を教えること、学ぶことと共通点が多いからです。

詰め込み教育の学校では、残念ながら、教師と学生の努力は報われません。問題は人ではなく、教授法にあります。学生が学ぶ浅い知識（事実と手続き）が十分な量に達すれば、徐々にその小さな知識のチャンクを組み合わせて複雑で深い知識が形成されていく、という考え方もたしかにあります。これはブルームのタキソノミー〔教育目標の分類〕（図2－2参照）の主要なインプリケーションの一つです。ブルームのタキソノミーでは、学生はまず浅い知識を学ぶ必要があるため、ピラミッドの

図2－2　ブルームのピラミッド

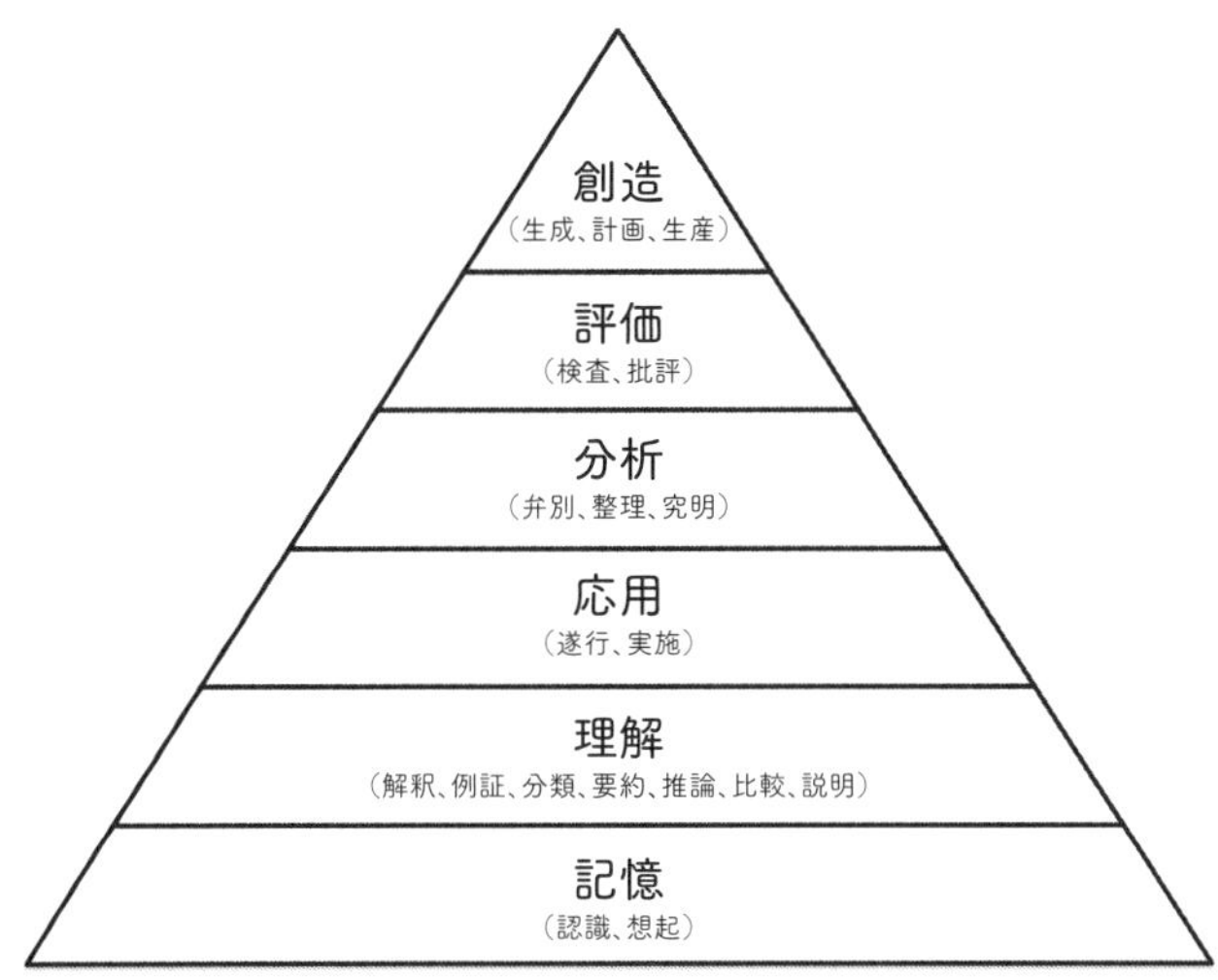

最下層から教え始めるべきだとしています。[50] あるレベルの知識を学んだら、次のレベルに上がる準備が整う、と想定されています。すべてを学び終わってからでないと創造性は学べない、というのがそのインプリケーションです。学習をこのように捉えてしまうと、創造的な知識は学期の最後までお預けにしなければなりません。学期末にならなければ、ピラミッドの頂点に移って、これまでに積み上げてきた学びについての創造性を学習する準備ができていないことになるのです。

しかし、このような想定はすべて誤りであることが研究で明らかになっています。[51] ブルームのタキソノミーの共同開発者の一人であるデイヴィッド・クラスウォールですら、知識がピラミッドの底辺から頂点へという順番で学習されなければならないことを示す研究は存在しないと認めています。ブルームらが一九五六年に報告書を執筆した時は、いずれ自説の正しさを証明する研究が出てくるだろうと予想していました。[52] しかし実際には、ピラミッドの上の層と下の層を同時に教えるほうが効果が高いことが、新たな研究によって示されました。[53] 創造的な知識を学ぶには、最初から創造的な知識を教わったほうがよいのです。そして下の層の浅い知識を学ぶにしても、上の層と一緒のほうが効果的に学べます。

創造性を教えると、学生は創造的な知識と浅い知識の両方を学びます。創造性を教えるほうが、詰め込み教育で教えるよりも、浅い知識の事実や手続きがむしろよく身につきます。[54] 創造性を教えることと、標準テストで高得点を取るために教えることは二者択一ではありません。ガイド付き即興法で教えれば両立が可能なのです。

第三章

ガイド付き即興法

最も優秀な教師は即興的な教え方を用いています。それが学生の学習を助けるのに最も効果的だと経験と直感でわかっているからです。経験豊かな教師は、新米教師に比べて、即興をガイドする工夫をした指導戦略を用いていることが研究によって明らかになっています。例えば、ベテラン教師のほうが自由度の高い授業計画をつくり、一回の授業計画の細部にあまり時間をかけません。[1] 熟練教師には**適応的熟達**が備わっています。彼らは授業の計画および活動の設計と実践に長年たずさわる間に、学生から飛び出すありとあらゆる突飛な言動に対処してきました。しかし、この教授法の知識を活用して、先例のない状況に即興的に対応するために、常に自分の計画を創造的に拡張し、変更を加え、調整しているのです。[2]

創造性を教えるのに、生得的なスキル、能力、あるいは特定の性格タイプを持ち合わせているかは関係ありません。創造性を教えるために自分自身がアーティストであったり、自由な思想の持ち主だったり、少々変わり者だったりする必要はありません。どんな教師でも、担当科目で創造的な知識を教える方法は学ぶことができます。この章と次の章で、誰でも学べる授業テクニックの使い方を述べます。その教授法を私は**ガイド付き即興法**と呼んでいます。学生に教材を通して自分なりの道筋を即興で切り開く自由を与えるようなオープンエンドな活動に参加させるからです。ただし、学生のふるまいは完全に自由で制約がないわけではありません。学生のふるまいは**足場**（scaffolds）と呼ばれる構造によってガイドされています。カリキュラム目標に向けて学生の知識構築をガイドすると同時に、創造性の発揮に必要な知識を教えるための構造です。

ガイド付き即興法と創造的な知識の効果を示す研究は世の中にふんだんにあります。私が二〇一四年に編纂した本『学習科学ハンドブック［第二版］――第二巻：効果的な学びを促進する実践／共に学ぶ』（北大路書房、二〇一六年）のどのページ、どの章にもそれが表れています。[3]数学、[4]工学、[5]科学[6]の効果的な教え方に関する最近の科学的報告書すべての主要テーマにもなっています。

多くの教職プログラムが、学生とともに即興を行う方法を教えることにあまり時間を割いていないと知り、私は驚きました。実際、教育手法の教科書は柔軟性、応用性、即興練習にほとんど触れていません。私の大学院の教え子だったステイシー・ディザッターが、教職課程で広く使われている教育手法の教科書一四冊を分析し、授業で柔軟に対応する方法をアドバイスしているものがあるかどうかを調べました。[7] 一四冊のうち、授業での柔軟な対応や即興の必要性に触れたものはわずか一冊。その一冊ですら、たった数行しか書かれていませんでした！

一四冊の教科書すべてが、熟練教師らが活用する即興的な教授法ではなく、事前準備の重要性を強調していました。例えば、五九七ページにもおよぶある教育手法の教科書（書名は伏せておきます）は授業計画に一〇〇ページも割いていました。学生が知識を構築できるようガイドするための柔軟な授業計画を立てる必要性は、その一〇〇ページのどこにも触れられていません。一四冊すべてが、授業の実践について、台本があって繰り返し使える指導戦略を作る必要性を強調していました。くだんの五九七ページの教科書は指導戦略にも五〇ページを費やしていましたが、すべて台本化され繰り返し使うものでした。教師が場合によっては柔軟に学生に対応する必要があると書かれたくだりはわずか一ページでした。

もちろん、教師は授業を効果が上がるように計画できなければなりません。しかし、計画がクラスごと、単元ごと、学生ごとに即興的に応用できれば、そのほうがずっと学生の役に立ちます。第二章で、創造的な学習には学生が反復しながら、予測のつかない、即興的な活動を経験する必要があるとお伝えしました。創造的な知識に至る最適な道筋が学生ごとに異なる可能性があるのはそのためです。スタート時に持っている知識は学生一人ひとり違いますし、創造的な知識に向かう道筋も学生一人ひとり違うでしょう。ですから、学生一人ひとりの、その時々のニーズに教師が即興的に対応すると学習効果が最も高くなるのです。

第二章で、創造的なプロセスは常に制約の中で生まれるものであり、創造性の学習は限定要素（パラメーター）によってガイドされる時に最も効果が高いことを示しました。学生に即興する自由を与えた時に創造的な知識の学びの効果は最大になりますが、即興的な学習プロセスがカリキュラム、授業計画、指導戦略によってガイドされていることが条件なのです。

ある科目で創造性のトレーニングを行うと創造性が高まりますが、それはトレーニングが構造化され方向づけされている場合に限ってであることが証明されてきました。[8] 例えばカレン・ブレナンのＭＩＴの学位論文は、学習が構造化されすぎると創造性が減少すると明らかにしました。[9] しかしブレナンは構造化が不足しても創造性が減少することも発見しました。構造がないと学習者は迷子になってしまいます。アイデアを思いついたり、考え抜いたりできないのです。しかしあるポイントを超えて構造を増やすと、今度は学習の妨げになります。[10]

一四冊の教科書を分析したディザッターの研究からは、授業で即興を行う方法を教師が学べる状況にまったく至っていないのがわかります。しかし、即興法の学習を支援する革新的な教職プログラムをだんだん目にするようになってきたのは心強いことです。このようなプログラムがすべての教育学部に展開する可能性はおおいにある、と私は考えています。成果を上げている教員養成プログラムには次のようなものがあります。

- 有名なシカゴのセカンドシティ劇団は教師向けのワークショップ「創造的教授法のための即興劇」を提供しています。[11] 受講するとイリノイ州教育委員会からプロフェッショナル・ディベロップメント・クレジット〔研修の受講単位〕を取得できます。
- ニューヨークにあるイーストサイド・インスティテュートのディベロッピング・ティーチャーズ・フェローシップ・プログラム（DTFP）[12]は、教育者が自分の教え方に取り入れられる即興スキルや授業の学習活動で使える即興ゲームを教え、成果を上げました。[13] このプログラムは、教師が学生ともっと協働作業を行い、各クラスのニーズに合わせて教えられる力をつけるのに役立ちました。

教職課程の学生が他の教師の卵たちと一緒に、安心できる空間でベテラン教師のガイドを受けながら即興の練習をすれば、授業で行う即興のあいまいさ、不確実さ、予測のつかなさへの不安をなくしていくことができます。良い授業は入念な計画にはおさまらないものだと学んでいきます。それは構造と即興の巧みなバランスなのです。

column

創造的な学習に関連する教師のマインドセット[a]

- 奇抜な質問やアイデアにオープンであれ。
- 驚かされることを予想せよ。
- 信頼と安心感のある環境を作れ。
- 型にはまらないよう学生をサポートせよ。
- 好奇心と探求心に報いよ。
- 内発的なモチベーションを育てよ。
- 新しい発想を阻害しがちな自分の先入観と思い込みに、学生が振り返りによって気づくよう導け。
- 学生にたった一つの正解ではなく、たくさんのアイデアを出すよう求めよ。
- 学生に考える時間とアイデアを育てる時間を与えよ。
- リスクを奨励し、間違いや失敗をサポートせよ。
- 創造性と教科内容の知識を結びつける方法を理解し、開発せよ。学生は自分が創造的な課題に取り組んでいる科目について、できる限り学ぶ必要がある。

column

アート・スタート[b]

一九九一年に映画製作者のスコット・ローゼンバーグが設立したニューヨークのアート・スタートは、問題を抱える若者が創造的プロセスを通じて人生を変える手助けを目的とした非営利団体だ。ローゼンバーグがこの活動を思いついたのは、いわゆるラストチャンス・スクール、高校を中退したり退学になったりした学生のためのオルタナティブ校で、アートを教えていた時だった。最初、ローゼンバーグは学生に自由気ままに探索させ、突飛でだいそれたアイデアを考えさせるプロジェクトを与えた。しかしすぐに、それではだめだと気がついた。彼は行きつ戻りつ実験しながら、少しずつ構造を加えていった。ローゼンバーグのアプローチが即興的なのは今でも変わらないが、厳密さを備え、探究を軸としているという。学生の創造性に指導を加えるようになってから、アート・スクールは創造性と高次の思考を教えることに成果を上げるようになった。

即興を学ぶ

私はジャズピアニストです。演奏を始めて四〇年になる今では、ジャズの即興が野放図で自由な、情念や無意識の洞察を秩序なく表現したものではないと知っています。ジャズの即興は構造と柔軟性、繰り返しと新しさの絶妙なバランスで成り立っています。優れたジャズプレイヤーは過去のジャンル、曲、演奏家を大事にするものです。曲の構造とジャズの伝統的手法からインスピレーションを得るからです。最も創造性豊かなミュージシャンはその構造と伝統的手法からはみ出さずに演奏する力をマスターしています。ジャズの演奏家はこのような構造をうっとうしい、拒否すべき制約とは考えません。長年の経験から、構造こそが創造性を輝かせてくれることを知っているのです。

ジャズミュージシャンが意識的な分析や理解なしに本能と直感で演奏している、というのは誤解です。ジャズの演奏には多大な訓練と練習と専門知識が求められます。何年もかかってようやく、ごく基礎レベルの演奏ができるようになるのです。[14] 私はピアノでジャズを弾き始めて四〇年になりますが、それでもまだ学び続けています。ちょうど今も、一六小節のコーラスの最後の主音に行く途中でⅡコードとⅤコード間を移行するために長三度のディミニッシュコードを使う新しい方法を学んだところです（ご心配なく、あなたが今の文章を理解できなくてもかまいません！　それこそが私の言いたいことで、ジャズの演奏には大量の専門知識が詰め込まれているのです）。ジャズの演奏家はこのようなテクニックの膨大なレパートリーをマスターしており、それでもなお学ぶことが尽きないのを知っています。ジャズプレイヤーには複雑な和声構造についての深い知識があります。膨大な量の**スタンダード**――一〇〇年近く前からジャズバンドによって演奏されてきた楽曲をマスターしています。ジャズバンドはリハーサルで、たいていは曲の最初か最後に、ゆるやかに構成されたアンサンブルパートをよく用意します。多くの一般的な観客はこの部分を即興だと思うでしょう。よほど詳しいジャズファンだけが、どこが用意された部分でどこが即興かがわかるはずです。

現役の演奏家は過去を尊重しています。自分が本番のために準備している曲で、名演奏家たちがどのようなソロを演奏したかを研究します。カルテットのピアニストはカウント・ベイシー楽団の有名な録音に入っているピアノソロのメロディックなフレーズを弾く時、あるいはマッコイ・タイナーのスタイルで即興リフを弾く時、他のミュージシャンたちに気づいてもらえると期待します。なぜなら、ベテランの演奏家なら同じ録音を研究しているからです。彼らはピアニストが創造性に欠けると眉をひそめはしません。ベイシーのメロディーの一節を巧みに織り込んだり、タイナーの非凡な才能へのオマージュをそっとしのばせたりしたのに気づいて、微笑むに違いないのです。

このような共有された理解に加え、ほとんどのジャズ演奏家は自分なりの構造を作り上げています。個人リハーサルで彼らは**リックス**――さまざまな楽曲のソロに挿入できるメロディーのモチーフを創り出します。サックス奏者で稀代の創造性豊かなプレイヤーだったチャーリー・パーカーは、四〜一〇音符程度のモチーフを一〇〇もレパートリーに持ち、それを使ってソロを演奏しました。[15] しかし、どのモチーフをいつ使うか、新しいソロにどう織り込むかはその場で選択しました。

私はシカゴ大学大学院の一年目に、ミュージシャンにインタビューしたりライブ演奏を観たりしてジャズの即興を研究しました。音楽理論的な分析手法を知らなかったため、私のジャズ研究はその程度にとどまりました。しかし幸い、私がいたのは即興劇場の世界的な本場、シカゴです。私はいくつかの上演に足を運び、ジャズとの類似性が多いのに気づきました。即興劇団はステージ上でセリフをやりとりしながらアンサンブルを創造します。各演者が他の演者に応答することで場面を先に進めるうちに、思いがけない新しい方向に話を展開させるのです。もっと学ぼうと私はある劇団にピアニストとして参加し、結局そこに二年近くいました。私はライブパフォーマンスを録画し、役者にインタビューしました。セリフを書き起こして、会話のやりとりを一つひとつ詳しく分析しました。どれも即興的に発言されたものでありながら、まるで魔法のように、創発的な集団創作を作り上げていました。ジャズと同じように、即興劇も構造によってガイドされるほうが創造性が豊かになることを私は学びました。インタビューした役者は皆、構造、フレームワーク、ガイドラインの大切さを強調していたのです。

ガイド付き即興法では、学生は解き方をまだ知らない、オープンエンドな問題に挑戦します。どの問題も、解決策がどのようなものか、解決に向けてどのような道筋を進むのがベストかがすぐには見て取れないよう、多少あいまいでなくてはなりません。暗記した固定的な手順を当てはめただけでは解けない程度に、複雑なつくりになっているべきです。オープンエンドな問題に浅い知識は役に立ちません。解くには創造的な知識を用いなくてはなりません。オープンエンドな問題をやりとげるには、創造的な思考習慣を取り入れる必要があります。学生は可能性を探索し、新しい問いを立て、失敗から学んでそれを踏み台にし、自分の理解を振り返って検証し、さらなる情報を探し出します。

よいオープンエンドな問題には、学生の創造的な解決プロセスに制約をかけてガイドする限定要素がいくつか含まれています。入念に設計された構造、通称**足場**の中で即興的な探索を行う時に、学生は最も質の高い学びをすることが研究でわかっています。ガイダンスがなければ、学生はあてもなくさまよい、挫折感を抱いて、あきらめてしまいます。学

> 「いちばん難しい課題はただ『描け』と言うことでしょう。学生は途方に暮れ、挫折感にさいなまれます。どうやって創造性を発揮するかを学ぶには構造が必要なのです」（ワシントン大学の美術の教授、ソーヤーによる引用）
>
> Sawyer, R. K. 2018b, p. 156

生は道をそれて教材からすっかり離れてしまいかねません。足場は学生の探索の道筋を、単元と授業計画がねらった学習成果へと方向づけし、知識の構築に導きます。[16]

ガイド付き即興法では、学生は教科を学びながら、良い問題の見つけ方、良い問いの立て方、関連情報の集め方、新しい解決策や仮説の出し方、それらのアイデアを表現し実現するための領域固有的なスキルの使い方も学びます。

ガイド付き即興法は優れた教え方のまさに象徴といえます。第一に、事前に計画されたものでないこと、第二に、授業を協働作業による即興作品にすることを重視しているからです。学生と教師は展開していく授業という「パフォーマンス」の即興創作で協働します。教師は協働的な即興によって授業をガイドします。協働的な即興では教師も集団的な知識の構築に参加しますが、そこで果たす役割は学生の学びながらの即興を巧みにガイドすることです。

第二章に登場してもらった中学校の数学教師、ボブ・ナイトはガイド付き即興法の達人です。ナイト先生は毎日、七年生と八年生に代数入門と代数を六時限教えていました。ほとんどの人が、代数入門や代数は浅い知識の事実と手続きそのものではないかと思うでしょう。そんな科目を教えていたにもかかわらず、彼は深い概念、概念同士のつながり、新しい問題に知識を創造的に適用することを重視する、即興的な教え方を用いていました。ナイト先生が用意した計画にはその週の宿題として仮に入れておいた二、三の問題しかありませんでしたし、一週間以上先の計画はほとんど立てませんでした。先生は毎日、使う例題をその場で作りました。そして、自分でも答えをまだ知らないこともよくあったのです。

しかし、授業計画が柔軟できっちり決まっていなかった一方で、ナイト先生の即興授業は、明文化されていない構造とテクニックによってガイドされていました。例えば、各単元は次のような同じパターンで進められました。**一回の授業→授業の復習→一度目のテスト→テストの確認→二度目のテスト→テストの確認。**そして各授業は**授業→宿題開始→宿題の確認**の三部からなるサイクルで構成されていました。しかしこの構造は厳密に台本化されているわけではなく、ナイト先生はこの構造を変えるような即興をよく行いました。特に即興が多かったのは「宿題の確認」の部分です。生徒一人ひとりの質問に応じてとっさに新しい問題を作り、生徒と一緒にその問題に取り組んだからです。数学教育の研究者マーティン・サイモンはこの即興的な数学の教授法を「数学学習サイクル」と呼び、ナイト先生の手法を裏づけています。この教え方は数学のより深い理解につながるといいます。

ガイド付き即興法が上手に行われると、見ている者はすべて事前に計画され台本化されているのではないかと考えがちです。例えば、外部の人がナイト先生の授業を視察すると、先生が緻密に構成された授業計画をもとに授業をしているような印象をしばしば抱きます。[17]私は即興劇の研究でそれとよく似た現象を目にしました。観客はパフォーマンスが実際よりもはるかに即興が少ないと思いがちなのです。特にパフォーマンスが成功し、即興から生き生きしたキャラクターと筋の通った現実味のあるプロットが誕生すると、ほとんどの人にはすべてがその場で作り出されたものとわかりません。観客は「即興」とは事前に大筋を用意した台本に、多少のアドリブを加えたものなんだと思いながら劇場を後にします[18]。それと同様に、新米教師がベテラン教師の授業を見学すると、最初はすべて入念に計画されているのだと考えます。どれが即興でどれが計画されたものかを見分ける力がつくにはしばらくかかります。

教師がガイド付き即興法をマスターすれば、学生は創造的な知識を学ぶことができるでしょう。教材のより深い概念的理解を獲得し、それをより長く記憶します。教師がガイド付き即興法に長けてくると、学生は教科の知識を学習し、創造的な思考習慣を身につけ、その科目の知識で創造性をいかに発揮するかを学ぶようになります。

ガイド付き即興法を使うとどんな学生でもテストの得点が上がりますが、特に効果が高いのは成績の悪かった学生の成績と授業の参加意欲です。ウォルナット・バレー統一学区（カリフォルニア州）のチャパラル中学校で六年生を教えるレスリー・ストルツとマーク・ランツは、生徒が従来型の授業を受けていた五年生時の標準テストの得点と、一年後、六年生でガイド付き即興法のカリキュラムを受講した後の得点を比較しました[19]。全員が五年生の時の得点から予測されるよりも高い得点を上げており、ガイド付き即興法の効果を証明しました。ただし、平均よりも高い得点だった生徒の上昇幅はそれほど大きくありませんでした。しかし平均未満の得点だった生徒の学習成果はめざましく、テスト対象となった三科目すべてで驚くような得点を上げました。ガイド付き即興法の効用は八年生まで続き、この生徒たちの標準テストの得点は従来型の授業を受けてきた同じ学校の生徒より高かったのです。

協働と即興

教師がステージ上で即興を行う単独の演者だったら、それは単にパフォーマンスのスタイルが違う詰め込み教育にすぎません。学生は参加せず、学びません。最も優れた教師は受け身の観客に対して独演するようなことはありません。学生全員をグループ即興でガイドします。[20]

これから挙げる例は、ある五年生の数学入門の授業の一コマです。[21] 生徒と教師が一緒に即興的な会話に参加していますが、会話は教師が定めた授業のカリキュラム目標によってガイドされています。関数についての単元で、この授業の目標は次の問題を解くのに必要な「二で割る」関数を学ばせることでした。

数字の組み合わせが四つあります。一つ目の数字から二つ目の数字を出す法則（関数）は何ですか。数字の組み合わせは8−4、4−2、2−1、0−0です。

クラスのいくつかのグループが問題を解くのに苦労していました。ランパート先生はいくつかの活動で授業の足場を組んでいました。まず少人数のグループでディスカッションし、それからクラス全体でのディスカッションに移ります。生徒が悩んでいるのに気づいても、ランパート先生は答えをあっさり教えませんでした。先生は生徒たちを、次のような即興でガイドしました。

1　**エリー**　うーん、えーと、使える法則があって、うーん、2で割る法則が使えるんでしょ――だからえーと、2分の1を引けばいいんだよね。

2　**ランパート先生**　じゃあ8から2分の1を引いたら？

3　**エリー**　4。

（この答えに、クラス中からえーっと小さく声が上がり、何人かが会話に入ろうとした。）

4　**ランパート先生**　あなたは4だと思うのね。他の人はどう思う？　この質問をするのは、違う答えを出した人がたくさんいるからです。違う人の答えを聞いてみましょう。エリーの考えを踏まえたうえで、エリーに自分の考えを伝えてみて。エノヤート？

5 **エノヤート**　えーと、僕はエリーと同じ意見です。８から２分の１を引いた数字は８を２で割ったり８から４を引いたりした数と同じだから。

6 **ランパート先生**　８を２で割ると４、８から４を引くと４になるのね？　わかりました、エノヤートは８に今言った計算をするとどれも結果は４になると考えている、ということでいいですね？　シャーロット？

7 **シャーロット**　えーと、私は８から２分の１を引いたら７と２分の１になると思います。なぜかというと——

8 **ランパート先生**　なぜ？

9 **シャーロット**　えーと、２分の１は分数で、１の半分だから、引いたら、引く数は１より小さいわけだから、引いた後の数に１より小さい数が残らないとおかしいはず。でもエリーのやろうとしていたことはわかります。最初の数の半分を引いて答えを出したんですよね。

10 **ランパート先生**　それは、８の２分の１？　あなたが言っているのはそういうことね？

（ランパート先生とシャーロットは三ターンやりとりする。その後ランパート先生がエリーに確認、エリーはもともとの自分の答えを繰り返す。そこでランパート先生はシャルークを当てる。）

11　**シャルーク**

エリーが説明にもうひとこと付け加えていたら、２で割る対象の数の２分の１だと言っていたら、僕もエリーと同じ意見です。

12　**ランパート先生**

いいでしょう。皆さんは分数のとても大事なところがわかっています。それは、分数とはある数字の一部分だということです。この問題で皆の意見を一致させなければならないのは、これが８の分数なのか、１の分数なのかということです。

生徒たちはディスカッションでさまざまな答えを出しています。ランパート先生はどの答えが正しいとも間違っているとも言いません。それよりも、生徒同士の協働的な即興を促しています。その目標は、生徒が自分の知識を社会的に構築するようガイドすることです。実際に、注意深く読むと、ランパート先生がその日の授業計画にはなかった二つの概念の構築に向かって生徒をガイドするチャンスに気づいているとわかります。その二つの概念とは、関数に変数を使うこと（ターン11でシャルークが「２で割る対象の数」、つまり変数を持ち出している）と、分数についての基礎的な洞察――分数とは必ずある数字の一部であること（ランパート先生が生徒と一緒に構築している洞察）です。このクラスはまだ変数を習っておらず、分数の単元にも入っていませんでしたが、ランパート先生の巧みなガイド付き即興法のおかげで、生徒たちは分数の単元が始まった時にその基礎概念につなげて考える下地ができているはずです。

この例では、創造的な知識が生徒の会話から有機的に生まれています。ところが会話と学習の研究では、まちまちな結果が出ています。学生同士の会話が学習を促進するという研究もあれば、それを否定する研究もあるのです。しかし、この研究結果の矛盾を説明する新たな研究があります。協働的な会話は詰め込み教育の授業では効果がないように見える場合がありますが、ガイド付き即興法を使って授業を行うと、協働が深い学習を促進するのです。協働は浅い知識の学習には必ずしも役に立ちませんが、深い知識をより良く学ぶには役立つのです。[22]

研究者は構成主義の理論を授業での協働に拡大し、今では学習を**協働作業によって構築するもの**（coconstruction）と考えています。知識が集団の中で、集団によって学習されるからです。[23]子供たちは複数の見解がある時に、協働的な会話から学習します。協働学習が最もうまく機能するのは、クラス活動が即興的で、決められた成果や事前に準備された台本がない時です。グループの相互作用から集団学習が創発するように、学生のディスカッションは自然の流れに任せなければなりません。[24]

学生に協働させる授業にガイド付き即興法は不可欠です。学生のディスカッションが教師によってガイドされる時に協働が創造的な知識につながる、という研究には説得力があるからです。[25] 協働は練習と試行錯誤によって伸びていくスキルです。学生が一、二週に一度程度のたまに行う授業ではなく日常的に会話に参加するほうが、協働による学習の効果は高くなります。[26]

教師のための即興テクニック

教師が即興を学ぶには、即興劇俳優が従っているのと同じルールで実験するのがよいでしょう。[27] 即興劇は共演者全員がこのガイドラインに従うと、娯楽性、劇としての一貫性、面白さが増しやすいのです。即興劇俳優の卵たちは演技の最初の授業でこのテクニックを教わり、ステージに上がる役者はほぼ全員がこのルールを練習してマスターしています。「ルール」とはいっても柔軟性があり、即興から予想外のパフォーマンスが生まれる余地を残しています。言いかえれば、即興劇のステージパフォーマンスはまさに、創造的な知識の授業がめざすべき「ガイド付き即興法」なのです！　教師は即興劇を手本にしてガイド付き即興法が学べる、と私が思うのはそういう理由からです。

イエス・アンド

即興の最も大事なルールは「イエス・アンド」です。このルールは、対話のすべてのセリフで役者が二つのことを守るべしと定めています。すなわち、直前に発言した役者のセリフを受け入れることと、そこに新しい何かを加えて発展させることです。

「イエス・アンド」ルールに従っている二人のベテラン俳優の好例を紹介しましょう。

五分間のシーンの始まり。照明がつく。舞台下手にデイヴ、上手にエレンがいる。演技はデイヴから始まる。下手に向かって手振りをしながらひとりごとを言う。

1 **デイヴ**　私の夢の店、ガラスの動物園。どこもかしこも、小さなガラスの動物たちでいっぱいだ！
〔ぐるりと回って店にみとれる。〕

2 **エレン**　〔ゆっくりとデイヴの方に歩いていく。〕

3 **デイヴ**　〔振り返ってエレンに気づく。〕
あ、いらっしゃいませ。

4 **エレン**　〔子供のように指をくわえながらうつむいている。〕

あのー、えと、えと、贈り物をさがしてるの。

ターン2のエレンのセリフのないオファー（デイヴの方に歩いていく）はさまざまな解釈ができます。俳優は、シーンの始まりでは複数の意味にとれるセリフや動きをするよう教わります。エレンがデイヴの店に無言で入ってきたことは、さまざまなシーンに展開する可能性を持っていました。ターン3で、デイヴはエレンの歩く演技を受け入れ、新しいオファーをしてみせます。彼女を店の客にしたのです。ターン4で、エレンは自分が店の客であるという設定を受け入れ、買いたいものを言うことによってそのアイデアを発展させています。

即興に長けた教師は本能的に「イエス・アンド」ルールに従っています。次の例では、ジョーンズ先生が一、二年生クラスの即興的な活動をガイドしています。ミツバチが花の蜜を探して集め、巣に持ち帰る際に互いにどのようにコミュニケーションを取っているかを学ぶ授業です。[28] 生徒たちはミツバチになりきって飛び跳ねたり踊ったりしています。このミツバチのダンスは小学校の授業ではよく見られる活動ですが、この例では大きな違いがあります。教室に**拡張現実**（AR）技術が装備されていたのです。教室内のカメラが生徒一人ひとりの動きを検知し、コンピュータプログラムが生徒をアニメーション化されたミツバチの姿でプロジェクター画面に映し出します。科学的に正確でリアルタイムなコンピュータシミュレーションの映像が、生徒の即興ダンスに対する教師以外からのガイダンスになっています。次の書き起こしで、ジョーンズ先生が生徒によるミツバチのコミュニケーション・システムの即興創作をガイドしているのがわかるでしょう。この授業では、生徒たちが創ったコミュニケーション・システムはうまく機能していませんでした。生徒は、自分たちが設計したコミュニケーション・システムではミツバチたちがあてもなくさまよい、花を見つけられないのをアニメーション映像で見ています。そんななか、ジョーンズ先生は「イエス・アンド」ルールに従っています。生徒たちの創作を不完全でも受け入れ、それをもとに正しい理解に向かって生徒たちの即興をガイドしているのです。

1 **ジョーンズ先生**　アダムが採りましたね。ディランは……。
［ディランが巣に戻る。］
2 **デイヴィッド**　それを十分に採ってから巣に戻るんだよ。
3 **ジョーンズ先生**　何を採っているの？
4 **大勢の生徒**　花の蜜！
5 **ジョーンズ先生**　ハチミツ？

6　**ジェシー**　ちがうよ。

7　**ジョーンズ先生**　ハチミツじゃないの？

8　**ジェシー**　［ヨガマットから身を起こして。］
あっ、今のが受粉ってやつかも！　あの……。

9　**ゼド**　［ヨガマットから画面を指差す。］
ああ、花粉ね！

10　**ジェイド**　［ヨガマットから画面を指差す。］
あっ、思いついた。
花の中に入って花の蜜がたくさん集まったらね、

11　**ジェシー**　［マットから画面に向かって身振り手振りをする。］
小さいつぶつぶが体から落ちたら、それが受粉なんだよ。

12　**ジョーンズ先生**　おお〜。

13　**ゼド**　あっ、わかった！
［立ち上がって真ん中のスペースに入っていく。］

14　**ジョーンズ先生**　座って、座って。

〔ゼドに座ってと身振りをする。〕
言葉を使って、言葉を使って。

15 **ゼド** わかった！　わかった！　だからね……。
〔座る。〕

16 **ジョーンズ先生** なあに？　何がわかったの？
〔ゼドに向かってかがみこみ。〕

17 **ゼド** 〔画面に向かって身振り手振りしながら。〕
あの、ほら、あの、ハートマークが出てきたらさ、ポケットにさ、蜜が入ったって意味だよね。それをあの……持って帰ってさ、でね、でね、ハートが出てきたらさ、ミツバチが巣に花の蜜をためてるってことでしょ。

18 **ジョーンズ先生** おお～、今とてもいいところに目をつけましたね。

19 **複数の生徒** 〔口々にしゃべる。〕

〔このソフトではハチが花の蜜を得たときに、ハートマークが花の中央から出てくる。この場面で子供たちは、既に知っていた知識をもとにハチミツ、花の蜜、花粉についての理解を深めた。〕

否定しない

「イエス・アンド」と対になっているのが「否定しない」というルールです。「否定」とは俳優が対話の直前のセリフを受け入れないことをいいます。即興の授業を最初の数回も受ければ相手を頭から拒絶しないことを覚えますが、それでも否定はよく見かけます。ただ暗黙的で巧妙に行われるのです。次の例で、デイヴはジャックがシーンに加えようとした創造的なアイデアをさまざまな形の否定を使って拒絶しています。注意深く読む必要があるかもしれません。即興劇俳優でなければこの巧妙な形の否定に気づきにくいでしょう。

五分間のシーンの出だしの11ターン。観客が提案したネタは「管制塔」。照明がつくと、デイヴがヘッドフォンに手を添えている風に左手を耳に当てて立っている。彼は最初に三〇秒間ほど、観客の方を向いて飛行機に指示を出し、それからヘッドフォンを置いてカクテルを作り始める。これが以下に始まるターン1。ジャックが登場するのはターン2だ。

1　**デイヴ**　　ちょっとだけ、飲んで一息入れよう。
　　［ボトルと別の何かを棚から取る動作をする。］

［舞台下手からジャックが歩いてくる。］

2 **ジャック** あのー、すみません。

［ジャックは背中を丸めてズボンのウエスト部分を握りしめている。デイヴはカクテルを振っている。］

3 **デイヴ** なんだい。

4 **ジャック** あのー僕、コントロールタワーっていうんですか？　その仕事の新しい研修生ってことなんですけど。

5 **デイヴ** あっそう！　ダイキリ作れる？

6 **ジャック** えっ……ええ。前の仕事はバーテンダーだったんで。

［デイヴがシェーカーを取り、さあ振れとばかりにジャックの前に差し出す。］

7 **デイヴ** ならよかった、自分で作ってたんだけど俺はもうこれからね。

［デイヴからシェーカーを受け取る。］

8 **ジャック** （はい）

9 **デイヴ** そう、俺はもうこれからね……。

10 **ジャック** プシューッ。

［ジャックはシェーカーを持って振り始めるが、右腕を頭の上に振りかぶりながらプシューッと擬音を発する。］
やばい、トップがはずれた！
［デイヴに向き直る。］
すみません。
僕、これはあの、えーと。
あーあ。
［ジャックは上を指差して見上げ、「やっちまった」といわんばかりに情けない顔をする。］
ああ、いいよいいよ。
もう一つあるから。
［棚に手を戻し、ジャックに二個目のシェーカーを渡す。］
ほら、これ。

11　デイヴ

否定に気がついたでしょうか。私が確認したのは三つ、すべてデイヴのセリフです。デイヴのパフォーマンスについて、即興劇俳優なら次のように言うでしょう。

ターン5で、デイヴは**シェルビング**（握りつぶし）と呼ばれる巧妙な形の否定を使っています。

彼はターン4のジャックの提案（管制塔の仕事の研修生）を受け入れていますが、すぐにカクテルを作る話に話題を移しています。デイヴのターンはあからさまにジャックを拒絶してはいませんが、研修生とも管制塔とも関連性がありません。ジャックのそれまでの演技はなかったも同然にされたのです。

ターン7もシェルビングの一例です。デイヴは「ならよかった」と言ってバーテンダーの経験があるというジャックの発言を受け入れていますが、ジャックの発言を発展させていません。ターン5と同じく、デイヴは違う方向に話を続けています。

ターン11のデイヴの否定は最もわかりやすいものです。ターン10でジャックが振ったシェーカーのトップが偶然はずれ、辺り一面、天井まで酒まみれになります。ここでも、デイヴはジャックの提案をあからさまに否定はしていませんが、「ああ、いいよいいよ」と言ってそれを握りつぶしています。

私はこの五分間のシーンのビデオを何度も観ましたが、デイヴの否定はシーンの最後まで続いています。観客は笑っていてパフォーマンスを楽しんでいるようですが、ジャックが苛立っていくのが見て取れました。デイヴがシーンの方向性をほぼ完全にコントロールしており、パフォーマンスはまったく協働作業になっていません。

多くの教師はクラスにディスカッションの文化を育てることに真摯に取り組み、学生の発言を受け入れ奨励しようと努めています。しかしそんな教師ですら、このような巧妙な形の否定をやってしまいやすいのです。学生の発言が期待していたものと違い、自分の授業計画から離れそうだったりすると、「とてもいいですね、スーザン。では、次の問題に移りましょうか……」と言ってしまうことがあります。時には自覚なくやってしまうのです。学生の方も気づかないかもしれません。しかし無意識に、自分の話が無視されたのはわかります。このような場面でより効果的なのは、スーザンをガイドして彼女の考えとそれまでのディスカッションがどのようにつながるかを理解させ、そのうえで、スーザンの発言を授業計画の次の問題につながるように発展させる短いやりとりを即興で作ることでしょう。それには科目を深く理解している必要がありますし、クラスを教える際に自分一人で即興するのではなく、クラスと一緒に即興するべく、授業計画を応用できる自信がなければなりません。

こうしたさまざまな巧妙な形の否定を避けるために、クラスと一緒に即興を行うのがよいのです。ガイド付き即興法で教えれば、クラスに本物の、しっかりしたディスカッションの文化が定着するでしょう。

先導しない

詰め込み教育の授業では、教師がほとんど一人でしゃべっています。[29] しかし、即興劇で俳優がほとんど一人でしゃべっていたら、それはもうアンサンブルのパフォーマンスにはなりません。俳優たちは即興劇の集団で創造する力を信じており、新しいシーン一つひとつが全員の即興的な対話から思いがけない形で創発されることを望んでいます。一人の俳優がシーンを支配して他の演者がシーンの方向性に寄与する余地を与えないことを、業界用語で**プレイライティング**（台本書き）あるいは**ドライビング**（先導）といいます。ドライビングにはたいてい否定がつきものです。前述の管制塔のシーンでは、デイヴが否定を多用してシーンを先導しています。

押し付けをしない

エンダウイング（キャラ付け）とは属性や行動や思考を共演者のキャラクターに割り振ることです。これも俳優からよしとされません。発話者の主導権が強くなりすぎ、共演者の創造の選択肢が制約されるからです。次の例で、アンのターン1の最初の四行がエンダウイングにあたります。

アンとドナルドが出演するシーンの冒頭。ドナルドは両手を約一メートルの間隔にあけて体の前に伸ばしている。アンも両手を前に伸ばしているが、その間隔は約一五センチメートルだ。

1　**アン**　私はこのくらいの時のあなたを知ってたのよ！
［強調するように手を振る。］
そのくらいになってからは知らなかったけど。
［ドナルドの手の間隔を指差す。］
あなたのママは産婦人科病棟にそりゃあ長居してたからね。
でもいい？　私はあなたがこのくらいの時を知ってるの。
あなたが私になんて言ったか知ってる？
初めて私に言ったこと。

2　**ドナルド**　なんて言ったんです？

3　**アン**　バブゥバブゥ。
もう、ほんとにかわいかったんだから。またやってくれる？
「バブゥバブゥ」って言うだけでいいから。

4　**ドナルド**　バブゥバブゥ？
［正しく言えているか自信なげに、ためらいがちに。］

ターン3でアンがドナルドに言うセリフを指示しているのはエンダウイングの極致です。

これは即興劇俳優に非常に嫌われており、**ピンピング**（自分のために他人を利用すること）と呼ばれています！

質問しない

俳優は質問をするなと教わります。質問をすると次の演者にできる反応の幅が大きく狭まるからです。たとえイエスかノーではなく自由に答えられる、例えば「次は何をしたい？」のような質問であっても、創造の可能性の幅は制限されます。次の俳優は自分がこれからやることについて発言しなければならず、例えば「今日のその靴いいね」とか「昨日のジョン、あいつ何だよ」など、他に何百とあったはずの創造的な演技の可能性がなくなってしまいます。

学生が最もよく学ぶのは、教師が自由回答式の質問をするガイド付き即興法を用いるときです。ところが教師が答えのわかっている質問をすると、学生が即興する余地はありません。答えのわかっている質問は詰め込み教育の授業によく見られます。教師が学生の理解を確かめるために答えのわかっている質問をし、学生の答えにフィードバックするのです。この指導戦略は非常によく見られ、教育研究者の間では「〔教師による〕働きかけ Initiation －〔学生の〕応答 Response －〔教師による〕評価 Evaluation」、略して**IRE連鎖**として知られています。教師は一人の学生を当てて正解が一つしかない答えのわかっている質問をし、IRE連鎖を開始します。学生は即興ができず、教師が「押し付け」た答え方しかできません。

ＩＲＥ戦略は教師にとっては便利です。教師が主導権を握って、その日の計画からクラスが逸脱しないようにできるからです。ＩＲＥは教師にとって不安な即興の不確実さを軽減しつつ、学生を単純な形で授業に参加させます。学生は当てられるかもしれないとわかっていたら、少なくとも居眠りはしません！　また、ＩＲＥには行動管理の機能もあります。当てられた学生が話している間は静かにしていなければならないことが、他の全員にわかるからです。さらに、教師が授業を事前に計画した通りに進められるので、カリキュラム計画の機能も果たします。そして最後に、学生がどれだけ学んだかがわかる点でも教師は助かります。しかし学生の学びの助けとはなりません。[30]

自由回答式の質問と答えのわかっている質問の違いは紙一重かもしれません。表面上は自由回答式に見えて実は特定の単一の答えを求めているような、擬似的な自由回答式の質問はついしてしまいがちです。例えば、ある科学の授業で、教師が「アラン、ブンゼンバーナーについて説明してくれますか？」と質問します。これは一見すると自由回答式です。アランがブンゼンバーナーについてなんとでも答えてよいかのように見えます。しかし会話が進むうちに、教師が実は輝炎と不輝炎の条件に関する特定の発言を求めていることが明らかになります。[31]

最も優れた質問は、学生に深く考えさせ、自分の思考と行動を説明させる質問です。有名なプリスクール教師のヴィヴィアン・ペィリーが、『チコときんいろのつばさ』（レオ・レオーニ著、さくまゆみこ訳、あすなろ書房、二〇〇八年）という本についてのディスカッションを導く描写の中で、そのやり方を例示しています。[32] ディスカッションの中で、ディアナがチコは金色の翼をあきらめるべきだと主張しました。ペィリーはディアナに賛成しませんが、ディアナを「否定する」かわりに説明を求めました。「なぜチコは自分の欲しい翼を自分で決めてはいけないの？」。この質問はディアナにさらに深く考えることを求めます。しかしペィリーにとっても、クラスの即興がどう展開するかへの主導権を手放すことになるのです。

第四の壁を越える

第四の壁とは舞台と観客を隔てる架空のバリアです。俳優が「第四の壁を越えるな」と言うのは、舞台での展開について俳優が発言してはいけないという意味です。言語学では、進行中の会話を振り返るこのような発言を**メタコミュニケーション**といいます。コミュニケーションについてのコミュニケーションだからです。日常会話も含むほぼあらゆるケースで、メタコミュニケーションは束縛性が強く、概して協働的な即興の可能性を削ぎます。しかし授業では、教師が即興をガイドする必要があるので、クラスで展開している即興から一歩外に出て会話について発言するのは指導戦略として有効な場合もあります。学生が即興のルールを守らず、協働がうまくできていない時は、教師がメタコミュニケーションを行わなければならないこともあるでしょう。例えば、頑固な学生がクラスの仲間を「否定」しているような時です。高校教師のサラ・アレンがディスカッションの即興的な流れの主導権を生徒に持たせ始めた時、数人の男子がディスカッションを支配するようになり、他の大勢は疎外感を感じました。アレンは生徒たちにメタコミュニケーションを行い、自分の行動を理解できるようガイドすることにしました。例えば、あるディスカッションを録画してクラスに見せ、何が起こっているかを生徒に分析させました[33]。

即興が教科の重要な洞察につながった時には、教師がメタコミュニケーションを行うことで注目を促せます。しかしクラスの即興を止めるタイミングを見きわめるのは難しいものです。ディスカッションから重要な洞察が創発した時、ディスカッションを次の段階に移行させる土台となるよう、すぐに注目を促すべきか。それとも、ディスカッションの自然な流れを邪魔しないよう、メモしておいて、ディスカッションの時間が終わった時に注目を促すべきか。このジレンマは、「ティーチング・パラドックス」の一例です。パラドックスと折り合いをつけるのに役立ちそうなテクニックは第四章でお伝えします。

優れた教師は即興劇俳優さながらに、展開する会話を邪魔せず間接的にこのようなメタコミュニケーションの目的を達成できるので、クラスの即興が途切れずに続きます[34]。

教師がルールを破らなければならない時

ガイド付き即興法の授業は、学生抜きで教師が即興するのでも、教師抜きで学生が即興するのでもありません。ガイド付き即興法では全員、教師と学生の両方が、協働的で、探索的で、即興的なディスカッションに参加します。ステージ上の全員が参加する行為からパフォーマンスが予想外に創発されるからです。私が行った即興劇の分析ではこれを**協働的創発**(collaborative emergence)と呼んでいます。[35] 即興劇のルールは、創造性と主導権を個々の演者のものにせず、グループのメンバー間の相互作用による創造性を促すようにできています。

教師が学生の即興をガイドする時には、即興劇俳優と同じレベルまで主導権を放棄してはいけません。教師は「壇上の賢人」ではありませんが、とはいえ「寄り添う案内人」としての責任と権限は持っています。即興が盛り上がって自在に発言が飛び交うディスカッションの最中も、教師はその日の授業計画とカリキュラム目標を頭に入れておく必要があります。しかし一方で、協働的なディスカッションの構成主義的な利点を生かすためには、教師が授業全体を「先導」するわけにはいきません。先導してしまったら真の即興にならず、学生が自分の創造的なプロセスを通じて学ぶのを妨げてしまいます。

優秀な教師はディスカッションの行方を一瞬たりとも見逃しません。クラスで行う即興の一役者として振る舞いつつ、舞台監督の目で、グループディスカッションから創造的な知識の集団的構築がどう創発されてくるかをモニタリングする必要もあるのです。

ガイド付き即興法のための授業計画

ガイド付き即興法に長けたベテラン教師でも、授業計画は立てています。教師の経験が一〇年、二〇年とあり、およそ考えられるどんな状況でも即興ができる場数を踏んでいても、その場ですべてを思いつくのは不可能です。しかし（本章の前半で取り上げた）ナイト先生のようなベテラン教師は、教職の教科書に書いてあるのとはまったく違うやり方でカリキュラム計画に取り組んでいます。計画といっても、熟練教師は活動の流れを台本化するのではなく、即興に備えた計画を立てるのです。新米教師とベテラン教師の授業計画を比べると、ベテランは応用がきく授業計画を設計している確率が二倍以上も高いそうです。[36] また、ベテラン教師のほうが、学生の発言に想定外の学習機会を見て取れば、その場で計画を変更する確率も高いのです。[37]

優れた計画は、学生が自分たちの即興から創発される学習軌道に乗れるようガイドしつつ、授業のねらいである学習成果に導く設計になっています。**学習軌道**（learning trajectry）（**学習進展**ともいう）とは、学習者が何も知らない出発点から、ねらった学習成果を得る終着点までの道筋を指します。[38]

学習科学者は認知心理学者と協力して、学生の創造的な知識の構築を最も効果的にする概念経路の解明に取り組んでいます。そしてわかったのは、最適な学習軌道は無知から知への直線的な道筋ではないことです。それよりも、ジグザグした即興的な道筋をたどるほうが学習効果は高いことがわかりました。図3－1は、学生の即興的な知識構築を川に見立てて表現しています。川の両岸は学生の即興的な学習の道筋をガイドする足場です。岩は**障害物**（多くの学生が即興的な学習プロセスで出合いやすい過ちや行き詰まり）、**ランドマーク**は認知が安定した瞬間、つまり学習者が部分的に学習したが、まだ**習得されたアイデア**（創造的な知識に関連付けられる複雑な概念構造と理解）の獲得には至っていない状態を表しています。

学習軌道の研究はまだ緒についたばかりです。新しい研究はそれぞれに刺激的で実践的なアドバイスを提供してくれます。しかし現時点で、学習軌道が科目固有的かつ年齢固有的であるとわかるだけの研究は出揃っています。ガイド付き即興法は、研究成果に基づいた、カリキュラム目標につながる学習軌道に学生を導くのが理想です。

詰め込み教育の授業では、学生が直線的な学習軌道をたどるのが典型です。学生に浅い知識

図3－1　学習軌道[c]

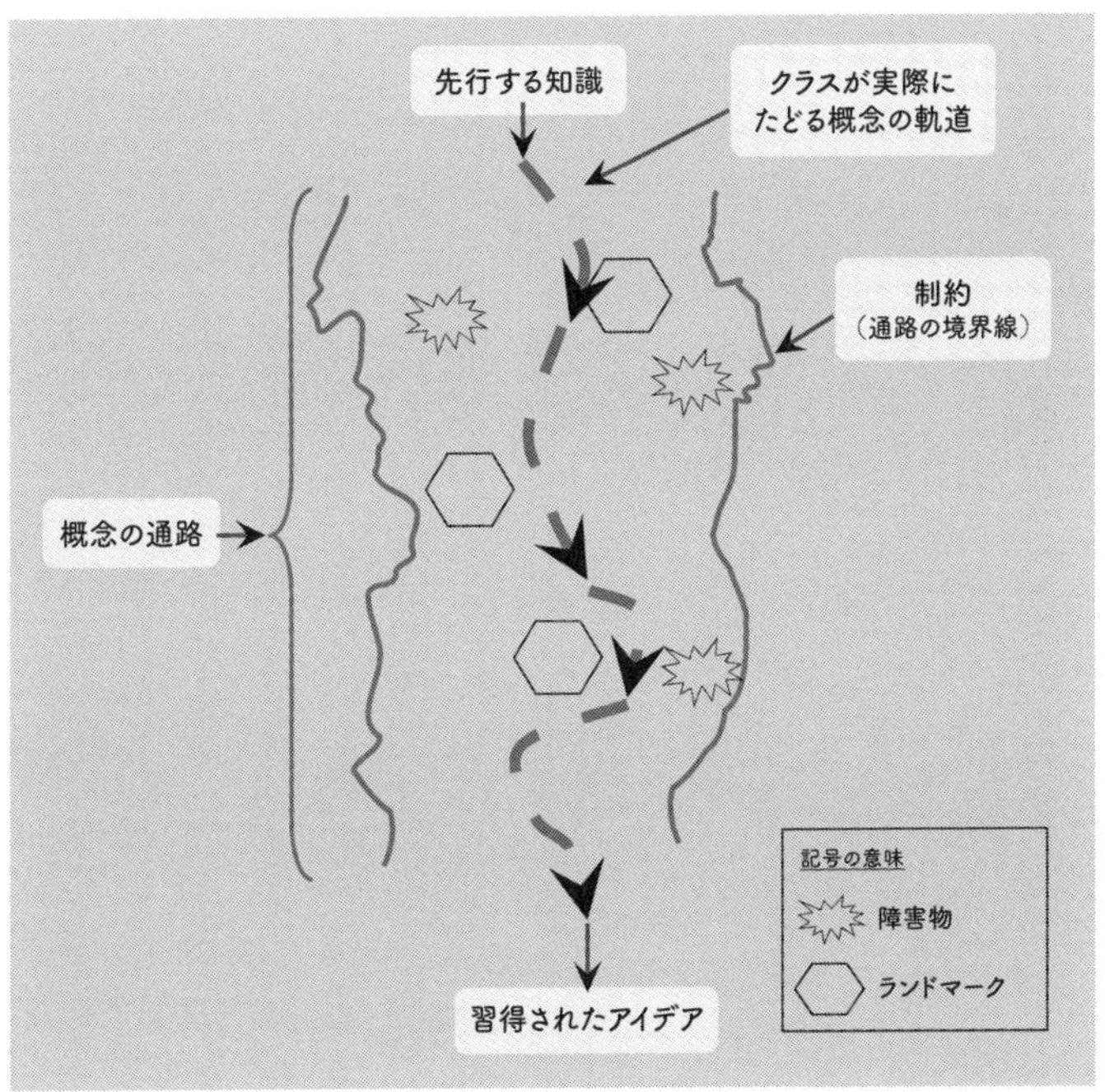
先行する知識
クラスが実際に
たどる概念の軌道
制約
（通路の境界線）
概念の通路
記号の意味
障害物
ランドマーク
習得されたアイデア

を教えるぶんには直線的な軌道はうまく機能します。学生は規定の順序で知識のチャンクを一つずつ学んでいきます。しかし学習の目標が創造的な知識なら、非直線的でガイドされた道筋を通るのが最も学習効果が高いでしょう。川幅を広くして学生が即興する余地をつくりますが、学生がねらったカリキュラム目標と無関係な実りのない活動に陥らないようガイドします。

構造と即興のバランス

授業を計画する際は、台本づくりではなく足場かけをするという発想がおすすめです。計画は学生が即興をしながら学習できるようにし、それをガイドするものでなければなりません。しかし構造と即興を絶妙に配分して教えるのは難しいかもしれません。計画を構造化しすぎれば即興の可能性が狭まり、構造化が足りなければ学生は楽しんで創造性を発揮できるかもしれませんが、望ましい学習成果を達成できません。

どちらに偏っても創造的な学習の効果が薄れてしまいますが、新米教師がやりがちなのは構造化のしすぎです。不確実性と向き合うのはストレスですから、それも無理はありません。何が起きるかわからない状況では、不安になるのが自然な反応であることは、心理学の常識です。

教師は学生をカリキュラム目標に導く責任を負っていますから、その不安はなおさら大きいでしょう。教師は教え子が所定の学習成果に確実にたどり着いてほしいと願っているのです。オープンで創造的な最先端の学校の教師たちでさえ、ガイド付き即興法に苦労し、計画を構造化しすぎることはよくあります。ヨーク・スクールのケヴィン・ブルックハウザーは新任教師のほぼ全員がそうなるのを見てきました。

明確なカリキュラムがあれば、教師が恐れる不確定要素はある程度排除されますが、そんな枠組みは捨てなければならないと私は声を大にして主張します。ある程度の構造が必要なことに異論はありません。自由と制約のバランスを取るといっても、正しいバランスは私にもわかりません。それは学校の文化や個々の生徒や教師によって変わってくるでしょう。私自身は自由寄りです。主導権を手放すほど生徒から面白い結果が出てくることに、いつも驚かされています。[39]

ノースカロライナ州ダーラムの高校で生物学を教えるサラ・ラセッターは、生命の特徴を教えるガイド付き即興法の活動から秋学期を開始します。まず、生物と非生物の違いは何か、生徒に自分なりの考えを出すよう求めます。次に、事前に用意していた生物と非生物の入った箱を見せます。そして生徒に、箱の中身に自分たちが創った特徴のリストをあてはめさせます。生徒は箱のものを分類しながら、自作の特徴リストの精度を上げていきます。その後、ラセッターは仕分けしたもののうち生物のグループだけに注目させ、新たな特徴リストを作らせて発表させます。全員が参加するガイドされたディスカッションで、ラセッターは生徒の質問に答えます。生徒が考えた生命の特徴の多くは間違っているので、ラセッターは彼らが学ばなければならない科学的に正確なリストへと生徒をガイドします。この活動を彼女は次のように説明してくれました。「生徒たちは科学者や植物学者や博物学者と同じことをしているわけです。問いを立て、仮説を検証し、自分が創った仮のリストが観察結果とどれだけ合致しているかを分析し、それを反復する――たえず観察に基づいて理解を構築し、適合させていくのです」[40]

まとめ

ガイド付き即興法は構成主義と社会文化的な学習理論を実践に応用したものです。ガイド付き即興法は、学生が能動的に授業に参加して自分自身の知識を構築する時、創造的な知識の学習効果が最大になることを示す膨大な研究に合致しています。知識を構築するには、オープンエンドで即興的なプロセスをたどる自由が学生になければなりません。詰め込み教育の予測可能で直線的な構造からは、創造的な知識は学べません。

しかし、学習の効果が最大になるのは、学生の知識構築が適切な足場によって学習軌道をガイドされる場合であることもまたわかっています。学生に制約のない自由を与えても創造性は育ちません。実際に、制約のない創造的な演習に取り組ませると、学生の創造性はむしろ下がることを示す研究もあります。[41]

ガイド付き即興法は難しいものです。教師がたえず構造と即興のバランスを取らなければならないからです。従うべきルールブックなどありません。というより私は、効果的な創造性教育を考えるうえで「ルール」という発想は間違いだと思っています。どんなルールブックだとしてもガイド付き即興法の本質を見失わせると懸念しています。指導戦略を杓子定規に適用すれば即興が妨げられます。幸い、ティーチング・パラドックス――構造と自由、制約と即興のバランスを取るという難問――に直面する教師が、ガイドを最適に配分した授業を設計できるよう、最新の学習科学研究が指針を与えてくれています。次の章で、このパラドックスを克服するのに役立つテクニックを紹介します。

第四章

ティーチング・パラドックスを克服する

創造的な知識を教える最も優れた方法はガイド付き即興法です。学生は自分自身の知識が構築できるよう、教科を即興的に探索する自由を与えられています。しかし、教室での即興はガイドされたほうが学生の知識構築に効果的なこともわかっています。構造と即興のバランスをどう取ればよいのか。これを私は**ティーチング・パラドックス**と呼んでいます。構造と即興のバランスを取るためのたった一つの完璧な方法がないのが、パラドックスたるゆえんです。望ましいバランスはクラス、学年、科目ごとに異なります。本書で特定の学年や特定の科目向けの具体的な授業の手法を提案していないことには、すでにお気づきでしょう。もちろん、あなたが教える科目に特化して書かれ、非常に具体的な授業のテクニックを教えてくれる方法論の教科書は世の中にたくさんあるはずです。そうした本はあなたの担当科目に特有のやり方でどう教えるか、貴重なアドバイスをくれます。しかし、私から見ると、そのような本の多くは台本化されすぎています。クラスでの即興をどうガイドするか、ガイド付き即興を可能にし促進する授業計画をどう立てるかはほとんど教えてくれません。教師の専門的技術に関する多くの研究で、教師が新米からベテランになるにつれ、このような教科書的な方法論から離れていくことが明らかになっているのですが、理由はここにあると私は考えています。教師は実践と経験から、即興をガイドする方法を次第に学んでいくからです。熟練して技術が増せば、台本や計画に頼らなくなり、不安なく即興に臨めるようになります。授業を重ね、学期を重ねるにつれ、自分の担当科目、学年レベル、授業スタイルに最も適した形で、ティーチング・パラドックスを解決するスキルが身についていきます。

この章ではまず、どんな科目にも有効な、ティーチング・パラドックスにうまく対処するための一般原則を提示します。この一般原則は、創造的な知識の学習とカリキュラム目標の達成に向けてクラスの即興をガイドするための、授業計画と指導戦略の立て方に役立つでしょう。章の後半では、形は違ってもそれぞれにティーチング・パラドックスと折り合いをつけている、成功し影響力のある学習環境を六つ紹介します。サンフランシスコにある有名な科学館「エクスプロラトリアム」から、こまかく台本化された道筋に沿って学生をガイドしつつ多少の即興が可能な教育ソフトウェアデザイン「**オーケストレーション・スクリプト**」まで、その顔ぶれは多彩です。

ガイド付き即興法で教えるのは難しいものです。詰め込み教育で教えるよりもはるかに難しいでしょう。学生の即興をガイドするためには、一定のルーティンのレパートリーをマスターする必要があります。その場に応じたガイドを可能にする、授業中の短いやりとりの台本集のことです（方法論の教科書はこのルーティンに重点を置くきらいがあります）。しかしあなたはそれに加えてさらに、このルーティンを即興的に、柔軟に、機会に応じて使いこなせなくてはなりません。構造と即興のバランスを取るうえで教師が直面する課題は二つあります。この二つは互いに関連しています。

◆授業実践における課題

教師は学生が即興できるようにサポートすると同時に、カリキュラム目標がねらいとする創造的な知識へと学生をガイドする構造を提供しなければなりません。経験を積むにつれ、計画、ルーティン、構造のレパートリーをマスターし、これらを応用して授業の即興をガイドできるようになるでしょう。

◆カリキュラム設計の課題

ガイドするための授業計画はクラス別に立てたほうが、即興授業の効果は高まります。このような事前計画があれば学生を創造的な知識にガイドする効果が最大になります。ただし、計画は台本のように杓子定規に用いるものではありません。授業計画には授業で即興を行えるだけの柔軟性を持たせるべきです。

第三章で、学習軌道をガイドする構造を授業計画にある程度入れたほうが、学びの質が上がることを示す研究を紹介しました。しかし同時に、学生がためらいなく即興できるようにする必要もあります。学生が主体性なく教師からの指図を待つだけでは望ましくありません。詰め込み教育では学生が受け身なのに対して、ガイド付き即興法では学生が未知を探索し、新たな問いを立て、まだ解き方のわからない問題に取り組みます。

創造的な授業では、ガイド付き即興法による絶妙なダンスによって二つの課題に対応しています。第三章で、このダンスを私は**協働的創発**と呼びました。教師と学生の協働作業から授業の流れが創発されるからです。幸い、最先端の学習科学の研究と実践はまさにこの二つの課題をテーマにしています。構成主義の教え方はすべて、ティーチング・パラドックスにある程度は直面します。もし台本によって学生が直線的な道筋をたどらされれば、自分自身の知識を構築する機会が持てないからです。現に、多くの人は優れた教え方を描写する際に、創造的な教え方を描写する時と同じ言葉を使っています。[1]

ティーチング・パラドックスを解決する方法は、学習軌道――学生を最も効果的に創造的な知識へと導く概念の道筋――に学生をガイドする足場を設計することです。前章の図３－１で、私は学習軌道を川になぞらえました。川は曲がりくねりながら岩（よくある思い違い）やランドマーク（学習を前に進める部分的な理解）を通過して流れていきます。足場は川の両岸、つまり学生をガイドする構造です。上手に設計されていれば、この構造が学生の創造性に制限をかけすぎるおそれはありません。逆に、学生はより効果的に即興をして学習できるようになります。

授業の構造と学生の即興の最適なバランスは、教える学年レベルや学生の学習軌道の現在位置と道筋によって変わるでしょう。その授業の学習目標によってもバランスは変わってきます。また、あなたの教えるスタイルに最も合うようにバランスを修正してかまわないのです。この章では、あなたが自分のクラスに最適なバランスを考える参考となるよう、六つの学習環境を紹介します。その六つとは学校二例、科学館二例、メイカースペース、教育ソフトウェアですが、バランスはそれぞれ異なります。最初に紹介するサンフランシスコのエクスプロラトリアムは構造の割合が小さく、最後に紹介するオーケストレーション・スクリプトは構造の割合が非常に大きいのです。いずれも、学生にある程度の即興の余地を与えていますが、その自由度は大きなものからごく小さなものまで幅があります。六つの学習環境はそれぞれ学習科学者の研究対象となっており、すべて、科目と学生のレベルとねらった学習成果に見合ったさまざまな方法で創造的な知識に学生をガイドしていることが証明されています。これらの事例から、構造と即興のバランスの取り方を検討し、ご自身の授業のニーズに最も合ったバランスを見つける方法がいろいろあるのを知ってください。

ティーチング・パラドックスは永久になくなりません。学生が学習軌道のどこにいるかによって、構造と自由の最適なバランスは変わり続けるからです。この章で私がめざしているのは、学生一人ひとり、クラス一つひとつに応じて、このバランスを継続的にどう取っていくか考えるヒントを提供することです。

ガイド付き即興法の構造

建設作業員が新しい建築物の建設作業にとりかかる際に組むのが足場です。建築物がだんだん高くなっていくのに合わせて周囲に仮設する、軽量の枠組みのことです。足場かけは建築物ができていくにつれて必要になる作業員と資材を支えます。足場はガイド付き即興法をうまく表現した比喩です。学生が自分だけの創造的な知識を「構築する」には、助けとなるガイド、つまり仮設された構造が最初は必要です。創造的な知識は、第二章で示したように、大きく、複雑で、深いものです。一気には学べません。ガイドされたプロセスを経て学ぶことになります。詰め込み教育はまったく違います。小さくて表層的な知識を教える場合、学生は小さなものを一度に一つ学びます。詰め込み教育の教え方はレンガを積んでいくようなものですから、足場かけは必要ありません。学生は小さな知識のチャンクのリストを長くしていくだけです。しかし、創造的な知識を学ぶためにはサポートが必要になります。大きく、複雑で、つながりがあり、統合された知識を築くには、時間と努力を要します。学生には全体像がすぐには理解できないため、創造的な授業では教師が学生に足場を提供します。大きくてつながり合った、ネットワーク状の理解に達するまで、創造的な知識を発展させる途上の学生を足場が支えるのです。

建築物が完成すると、作業員は足場を解体します。同じように、学生が創造的な知識を構築してしまえば、授業の足場はもう不要になります。学習軌道の終点で、学生の知識は複雑な概念体系となり、自立できるようになっています。この時点で、教師は足場を**フェーディング**させます。「フェーディング」とは、教師がクラスの進捗をモニタリングし、学生が理解を獲得していくのに応じて、慎重にゆっくりとガイドの構造を撤去するプロセスをいいます。

学生が新しい教材に出合ったばかりの時には、手厚い足場かけが必要です。この段階では、決まった答えのない即興を行う下地が学生にはまだできていないので、構造に重点を置くべきです。学生が学習軌道を移動しながら次第に複雑で完全な知識を構築するにつれ、教師は構造をフェーディングできます。授業の構造がフェーディングするにしたがい、クラスの活動は徐々に即興性を増していきます。学習軌道の終点、学生がカリキュラム目標に到達してその単元の創造的な知識をマスターした時には、その知識を使って創造できるようになっています。足場はもう要りません。

創造的な学習の間、構造と即興の最適なバランスはたえず進化します。ガイド付き即興法では学生に自分なりの道筋をたどらせるので、教師は学生一人ひとりの現時点の理解度に合わせて個別にガイドする必要があります。即興的な学習は、その過程で常に即時のフィードバックを受けながらガイドされると、学びの質が上がります。

フィードバックの機会は**形成的評価**（formative assessments）と呼ばれています。形成的評価とは学生の知識の状態を柔軟にたえず更新しながら認識することで、学習軌道の形成を目的としています。**総括的評価**（summative assessments）（学年度末に受ける大事なテスト）とは異なり、形成的評価は学生のため、学生の即興的な学習をガイドすることを目的に作られています。

熟練教師ほど学生と一緒に即興するのが上手です。しかし意外なようですが、熟練教師のほうが新米教師より**ルーティン**のレパートリーも豊富です（第三章を参照）。ルーティンとは基本となる一連の活動、学生への返答、ガイドするための質問や促し、あるいはグループディスカッションのための一時的なグループ分けのことです。このようなルーティンは即興授業の足場かけとして非常に有効な場合があります。以下に例を挙げましょう。

- 頻繁に行う短い会話のやりとり。例えば、経験上よくあるとわかっている一時的な間違いから学生をガイドして脱出させる効果的な方法を、あなたは考案しているかもしれません。
- 学生から想定外の質問があり、それが以前された質問と似ている場合、対応策として使える五分間の短い活動。
- シンク・ペア・シェアのような短時間のグループ活動。これは教師の質問に対して、学生が各自答えを書き出してから、クラスメートとペアになってそれぞれのアイデアを話し合います。最後に、各ペアが自分たちが話し合った内容をクラスに発表します。
- 今日学生から出た思いがけない質問や発見を、学期の後半に予定していた教材と関連づける方法。例えば、まだ準備していなかったけれど、今日の学習目標と来週の単元を結びつけるチャンスがあるかもしれません。

ベテラン教師は驚くほどの数のルーティンを作り上げているものです。しかしそれを決まったルールで適用するわけではありません。あるルーティンがその時の特定のニーズに沿っていれば、無意識の判断で利用します。しかも決まりきった台本としてではなく、創造的で即興的な形で各ルーティンを適用します。[2] 最も効果的な授業では、教師が柔軟かつ即興的に構造と台本のバランスを取っています。[3] 教師は台本のセリフを毎回まったく同じように機械的に口にしているわけではありません。ルーティンを軸にした即興を行っています。ちょうどジャズピアニストが有名なポピュラーソングのメロディーを即興で変奏するように。[4]

課題解決型学習とティーチング・パラドックス

課題解決型学習（ＰＢＬ）には創造的な学習を育む大きな可能性があります。ＰＢＬは研究成果に基づいたガイド付き即興法の一つです。ＰＢＬの単元は、学生の学習軌道をガイドする緩やかな構造を組み入れた設計になっています。ＰＢＬに関する研究から、優れたプロジェクト課題の具体的な設計方法や即興の計画方法についてなど、多くの情報を得ることができます。[5]

ＰＢＬの単元は**オープンエンドな問題**から始まります。オープンエンドな問題の最も優れたものは、進め方がある程度あいまいに設計されています。このあいまいさが学習経験には不可欠です。しかしあいまいさと付き合うのは、学生にとっても教師にとっても難しいものです。教師が初めてＰＢＬに挑戦する際、ガイド付き即興法を行う余地のない具体的すぎる問題を与えて、このあいまいさを軽減しようとすることがよくあります。課題が具体的すぎると学生は創造性を育む学習ができません。正しい解決法への直線的な道筋で問題が解けてしまうからです。問題文がきわめて具体的な問題は**良構造問題**と呼ばれています。学生が課題を受け取った瞬間に、終着点と問題の意図や解決法がわかってしまうような問題です（表４－１参照）。そう

表４－１　良構造問題　vs.　オープンエンドな問題[a]

良構造問題	オープンエンドな問題
問題を解くために必要な事実がすべて学生に提示されている。	問題の一部の要素が不明または不確実である。
目標が明確に述べられており、学生は自分が何をするべきか正確にわかっている。	目標が漠然と定義されているか不明瞭である。
関連する限定要素と制約が明示されている。	一部の重要な制約が明示されておらず、やりながら発見しなくてはならない。
問題を解くために必要なルールと原則が列挙されている。	必要なルールが与えられず、何が必要かを学生が考え出さなければならない。
一つの正解がある。	複数の解決法がありうる。
解決策への直線的な道筋があり、学生は自分が解答にどれだけ近づいているかがわかる。	ありうる解決の道筋がたくさんあり、自分がどの地点にいるのかわかりにくい。

なると、学生は直線的で予測できる道筋をたどって解決策に向かってしまいます。

　ＰＢＬが創造的な知識につながるのは、問題に決まった正解がない時だけです。オープンエンドな問題を出されると、学生は第二章で紹介した創造的な思考習慣を取り入れなければなりません。つまり、上手な問題設定をし、関連があるかもしれない情報に意識的にアンテナを張りめぐらせ、時々行き詰まりや失敗に遭遇し、実験し反復しながら解決の道筋をたどります。オープンエンドな問題を解く時、学生は予測できない、あいまいで不確実な道筋を取りやすいのです。

　しかし「オープンエンドな」とは構造がまったくないという意味ではありません。ＰＢＬの授業では、学生がオープンエンドな問題をうまくやりとげるために、多数の足場（限定要素や制約という形の）を必要とします。デザインスクールの教授たちがどのように教えているかを研究した際、私はデザイン教育では独特のＰＢＬを用いていること、教授が出す問題には正解はなくてもたくさんの足場かけがあることを知りました。[6]例えば図４－１は、ミズーリ州セントルイスにあるワシントン大学美術修士課程のコミュニケーション・デザインの授業でヘザー・コーコラン教授が出した課題です。学生の創造的な思考と行動をガイドするためにコーコラン教授が多数の構造を提供していることがわかるでしょう。教授はなぜ学生に小説を読むことを課しているのか、そしてなぜこの五冊から選ばせているのか。自分で小説を自由に選ばせた

3　ビジュアル素材を見つける

テキストに関連する画像などのビジュアル素材を集めてください。多様性と量をできるだけ追求してください。

4　ビジュアルの下絵を制作する

ポスターへのさまざまなアプローチを考えて下描きします。最初は対にすることより、量、アイデア、形式的なアプローチを意識してください。

小説

- 『マイ・アントニーア』（ウィラ・キャザー）
- 『You Shall Know Our Velocity（あなたは私たちの速度を知っているはず）』（デイヴ・エガーズ）
- 『すべての美しい馬』（コーマック・マッカーシー）
- 『彼らの目は神を見ていた』（ゾラ・ニール・ハーストン）
- 『めぐりあう時間たち――三人のダロウェイ夫人』（マイケル・カニンガム）

基準

- ポスターには使用したテキスト（読める形で）、小説のタイトル、著者名、刊行年が含まれていること。
- サイズ：16 × 20 インチ〔約 41 × 51 センチメートル〕
- ポスターは片面に印刷されていること。画像、色、活字の制限はありません。

図４－１　コミュニケーション・デザインの授業課題

二枚組ポスター：小説の始まりと終わり

課題

一人に小説一作品を割り当て、ブロードサイド〔片面刷り〕ポスターを二枚デザインしてもらいます。ポスターに小説の始まりと終わりからそれぞれ短い文章を抜き出し、できるだけダイナミックなビジュアルで掲載してください。画像は使っても使わなくてもかまいません。

制作するポスターは興味をそそる案内人の役割を果たさなくてはなりません。これはビジュアル上の――もっと具体的にいうとタイポグラフィック上の挑戦をするチャンスです。表現力豊かな活字デザインと伝達的価値の関係とはどのようなものでしょうか。

制作プロセスでは幅広い解決策を取り入れてください。それが大前提です。ただし問題に取りかかるにあたって一定の条件も守ってください。

以下が必須条件です。

1　読んで選択する

担当する小説を一回以上読んでください。その作品世界、意味、言葉の使い方について考えてください。始まりと終わりが小説にどのような骨格を与えているかを考えてください。

小説の最初の数ページと最後の数ページから、100語以下の節を二つ選択してください。選んだ節の文章は一字一句省略してはいけません。あなたがするのは選択し、解釈し、表現することです。自分で文を書いたり編集したりしないこと。

2　例を集める

あなたが選んだテキストに関係があってもなくてもよいので、世界の表現豊かな活字の例、活字を表現豊かに用いているポスターやその他の平面デザインの例を集めてください。字形をどのように借りてきたり操作したりしているでしょうか。それらのアイデアや手法をあなたならどう取り入れますか？

ほうが学生の創造性は高まるのではないかとあなたは思うかもしれません。しかしベテランのコーコラン教授は、このような構造をあらかじめあてがったほうが学生が創造的になることを、一五年以上の経験から知ったのです。もう一人の教授でイラストレーターのジョン・ヘンドリクスは、「良い課題には厳しい制約があります。実は制約があるからこそ自由になれるのです」と話してくれました。[7]

ＰＢＬに取り組む時、学生のモチベーションは詰め込み教育の授業を受けている時よりも上がることが研究でわかっています。[8] 従来の詰め込み教育では授業についていけなかった学生ほどモチベーションが上がります。例えば、ＰＢＬは学習障害のある学生に特に効果が高いことが証明されています。ある研究によれば、ＰＢＬへの転換によって誰よりも恩恵を受けたのは学習障害のある小学生でした。[9] 特別な支援を要する生徒はＳＴＥＭ教育ではあまり顧みられていないので、これは大きな意味を持ちます。[10] 現時点では、認知障害や学習障害のある生徒に問題基盤型学習を用いた実績のある学校は数えるほどしかありません。理由は、このような生徒は**直接教示法**（direct instruction）で最もよく学べると広く信じられているからです。直接教示法は、従来の詰め込み教育の授業よりもさらに台本化された、柔軟性がない教授法です。しかし台本化された教授法よりもＰＢＬのほうがうまくいくことが大半の研究からわかっています。[11]

column

素敵な年齢の重ね方

カンザス州立大学の人類学者マイケル・ウェッシュは「加齢の人類学」という講座を教えている。この講座の目玉は最終学期のプロジェクトだ。学生は教育用ビデオゲームを制作する。プレイヤーに、年を取りつつある自分の親または自分自身が人生の終末で直面する決断について考えさせるゲームだ。学生は加齢（薬理学と神経生物学）、さまざまな社会における高齢者の扱い（人類学）、ゲームの設計と美学（デザイン思考とナラティブ構造）、複雑なコーディング（コンピュータサイエンス）に関する研究論文を読む。さらに一学期間、寮を出て地元の高齢者施設に滞在する。年を重ねていく入居者に会い、話をし、介護士や清掃スタッフにまで話を聞く。[b]

自分たちでビデオゲームを設計し制作するのだから、学生が創造的プロセスにたずさわるのは言うまでもない。とはいえ、その創造的プロセスは教師が提供する多数の構造——課題自体の限定要素、教師が与えた文献や概念、入居者との会話のしかたに関する教師のアドバイス、ゲームの設計に使う観察データ収集の指針などにガイドされている。

column

メイン州ポートランドのキング中学校

キング中学校の生徒は六割が低所得家庭の子供たちだ。生徒の二二パーセントは難民で、母国語が英語ではない。長年にわたって生徒のテストの得点は州平均を下回っていた。そこで、同校の教師とスクールリーダーは課題解決型学習（ＰＢＬ）への大胆な転換を決断した。同校がカリキュラムをＰＢＬ中心に改めた後、生徒の得点は七科目中六科目で州平均を上回り始めた。科目によっては上位三分の一に入った。

カリキュラムの変更はガイド付き即興法を後押しするために行われた。生徒は各年度で最低二回、四〜一二週間の科目横断型のプロジェクトに取り組んだ。次のようなものだ。

- 水族館の設計。地元の建築家の評価を受ける。
- ＥＳＬ（英語を母国語としない生徒向けの英語の授業）の生徒たちによる、ウォルト・ホイットマンの詩「おお船長、わたしの船長よ」の朗読ＣＤ。
- 『Voices of U.S.（アメリカの声）』というタイトルの本の執筆（移民の話を集めたもの）。
- 近くにあるキャスコ湾の海辺の生き物ガイド。
- ノートパソコンを使った学習についてのドキュメンタリー。
- ニュートンの運動法則を説明したクレイアニメ動画。

ティーチング・パラドックスと折り合いをつける——六つのケーススタディ

構造と即興の最適なバランスは、学年、学習成果や州の学習基準、クラスによって異なるでしょう。ティーチング・パラドックスを解決する特効薬などありません。それが創造性を教える難しさです。創造性を教えるとは常に即興を行うことですが、この即興には必ず構造が必要で、そのバランスはたえず変化しています。

革新的な教育者たちが、どうやってティーチング・パラドックスに折り合いをつけ、さらに創造的な学習を推進する原動力として建設的に利用してきたか。それを示す六つのケーススタディを紹介します。最初のケーススタディは即興の割合が最大で構造の割合が最小、最後のケーススタディは即興の割合が最小で構造の割合が最大です。足場かけの量に大きな違いはあっても、六つすべてのケースで学生は創造的な知識を発展させています。

事例1 探索と探究——サンフランシスコのエクスプロラトリアム

二〇〇九年の夏、私はサンフランシスコのエクスプロラトリアムで一カ月過ごしました。一九六九年に創設されたエクスプロラトリアムはインタラクティブ型科学館の第一号です。

来館者は展示物に触れ、手を加え、実験することができます。展示物を双方向に体験しながら来館者は探究プロセスにたずさわり、科学的思考に足を踏み入れていきます。[12] このオープンエンドな探究プロセスは、上手な問題設定をする、実験する、何が起こりうるかに意識をとぎすませるなど、第二章で取り上げた創造的な実践に来館者を誘います。

エクスプロラトリアムの展示物は、自然の美しさ、つまり自然界の美的側面を見せる形で自然現象を表現しています。優れた展示物は現象を一、二分間で人間に見合ったスケールで体験させてくれます。単純な例を挙げると「バランシング・ボール」があります。管から細い気流が吹き出し、その気流にビーチボールが落ちずに浮いている装置です（図４－２参照）。来館者は現象を間近でじかに体験します。説得力と人を惹きつける魅力があり、来館者はもっと学びたくなります。エクスプロラトリアムが育む探究心は、世界を探索し、発見し、分析し、説明したいと科学者を駆り立てるモチベーションにほかなりません。

展示物の開発者の多くは自身が科学者です。科学のプロセスが創造的で、反復的で、即興的であることを知っています。それと同じ予測不能な探索のプロセスを来館者に体験してもらえるよう、彼らは足場でガイドされた展

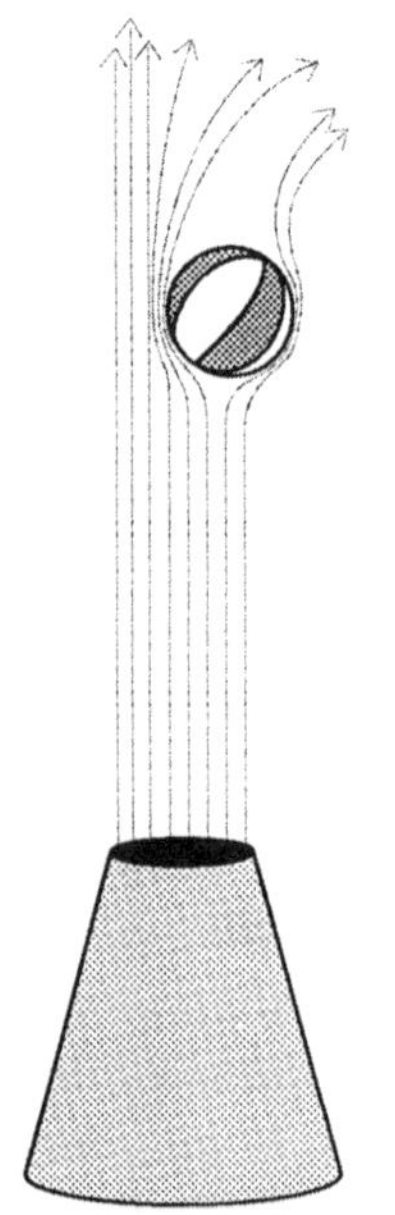

図４－２　バランシング・ボールの展示

示物を創っています。来館者は展示物を双方向に体験し探索するうちに、探究の創造的プロセスにたずさわります。新たな問いを立て、意識と観察力をとぎすませ、現象を相手に反復的に実験するのです。展示物を体験した来館者の学習の道筋はそれぞれ異なります。展示物からの学びも来館者ごとに異なるかもしれません。その不確実性を開発者は受け入れています。想定外のことを来館者が学んでくれたら、開発者にとってそれ以上の喜びはありません。結局のところ、科学をなりわいとする彼らが追求している探究のプロセスもまた同じなのですから。こうした展示物は来館者に科学者のような思考を――好奇心と探究心に突き動かされた創造的プロセス、新しい知識の発見につながるかもしれないプロセスをたどるよう促します。

このような理由から、エクスプロラトリアムのガイド付き即興法に対するアプローチは足場かけが比較的少ないのです。エクスプロラトリアムでは授業計画や学習軌道の設計をしません。ティーチング・パラドックスに対して、構造を最小限にして学習者の即興を促すアプローチを取っています。エクスプロラトリアムが示すアプローチ――足場かけや教師によるガイドや標準的な学習成果よりも、創造的な即興とオープンエンドな探索を重視する――は、ティーチング・パラドックスへの一つの対処法です。エクスプロラトリアムは校外学習の引率先として教師の間で高い人気があります。教え子たちが科学に興奮する姿をまのあたりにできるのです。創造的な教師なら探究心の大切さをわかっていますし、科学の教師は科学では実践型の探索が創造性を支えると知っています。好奇心と探究心は科学的な創造性の核です。科学者は、世界を受け身で観察してただ新しい事実を発見するわけではありません。もちろん、新しい事実は発見します。しかし科学がもたらしてくれるものが事実のみだとしたら、浅い知識のリストがひたすら長くなっていくだけでしょう。科学は新たな事実とともに、深く、つながっていて、応用のきく創造的な知識で、世界に対する私たちの理解をたえず前進させているのです。

授業計画と問題基盤型の課題を設計する際には、エクスプロラトリアムのアプローチのうち、学生の即興的な学習を促すという最も効果の高い特徴を参考にできます。難しいのは、モチベーションを上げ探究心を刺激するこのような体験を、即興的な行動を起こす可能性の芽を摘まないように構造化することです。

エクスプロラトリアムの何人かのスタッフにインタビューしたところ、各展示物がカリフォルニア州の科学の学習基準とどのように関連しているかを教員からよく聞かれると話してくれました。展示物から生徒が何を学ぶかがわからなければ、学年度で今教えている内容に校外学習をどう組み込めばよいかわからないからです。しかし展示物の開発者は、どんな答えが得られるかどころか、自分が正しい問いを立てているかさえもわからずに世界を探索する、科学の真に創造的なプロセスに忠実に展示物を作っています。

エクスプロラトリアムの展示物の設計は実に巧みです。来館者に提供する構造は最小限になるよう意図して作られています。エクスプロラトリアムで来館者が探究心を体験できることは、ガイド付き即興法へのアプローチに新たな発想をもたらしてくれます。世の中のどんな学習環境と比較しても、エクスプロラトリアムが備える構造はおそらく最も少ないでしょう。エクスプロラトリアムは、学生にほぼ完全な自由を与えても科学学習は可能だと示しており、科学教育にたずさわる人々に大きな影響を与えてきたのです。

事例2　科学館体験の足場かけ――エドベンチャー

エクスプロラトリアムの革新的なアプローチは、アメリカをはじめ世界の科学館に影響を与えてきました。来館者を科学的探究に引き込み、世界を科学者の目で観察させ、アートとデザインと探索を一体化して体験させることに成功したエクスプロラトリアムは、大きな刺激となりました。とはいえ、ほとんどの科学館が来館者の学習プロセスに提供している足場かけはエクスプロラトリアムよりも多めです。他の科学館では、州の学習基準に従って意図した学習成果に重きを置いて、展示物の設計プロセスを始めることが多いのです。そして、カリキュラム目標に沿って展示物のラインナップを設計します。[13]

例えば、サウスカロライナ州コロンビアにある科学館兼メイカースペースのエドベンチャーは、K－8〔日本の幼稚園から中学二年生までに相当〕向けのプログラムを提供しています。このプログラムでは、学芸員が展示物から特定の科学的内容が学べるよう、生徒をガイドします。プログラムの構成はサウスカロライナ州の学習基準に沿っています。エドベンチャーのウェブサイトに掲載されている『スクール・プログラム・ガイド[14]』には、各プログラムが対応する学習成果と一緒に紹介されています。教師が校外学習を組み入れた授業のカリキュラムを設計しやすいように構成されたプログラムの一例を挙げましょう。

ビリビリ!　電気のしくみ[15]

- 学年：三～五年生
- 科目：自然科学
- 定員と所要時間：最大三〇名、四五分間
- 担当：エドベンチャー学芸員
- サウスカロライナ州学習基準：科学 3.S.1／3.P.3／3.P.3A

電気ってなんだろう?　電気がなかったら私たちの世界はどうなるだろう?　原子モ

デル、電子の流れ、電気の種類、回路、電気への安全な接し方について学びます。ヴァンデグラフ起電機を使った実演、人間電池の作成、磁場から電気が発生するしくみ、ピクルスに電流を流す様子の観察を行います。

エドベンチャーが提供する足場かけは多くの教師に喜ばれています。生徒の活動をカリキュラム目標に組み込みやすいからです――ちょうど「ビリビリ！」プログラムが、州の電子の学習基準に合わせたカリキュラム目標を達成しやすい構成になっているように。

事例3　制作を通じた学び

メイカースペースが全米各地にできています。技術科、家庭科、美術室、科学実験室を合わせたようなものを想像してもらえればいいでしょう。子供たちは料理、裁縫、溶接、ロボット作り、油絵、版画、工作など、手を動かす活動にたずさわります。形あるものを創造的で反復的なプロセスを通じて設計・制作し、第二章で述べた創造的なマインドセットを育てるのがねらいです。

メイカースペースには、ノースカロライナ州ダーラムにあるスクラップ・エクスチェンジ[16]のようにプラスチックのストロー、使用済みの段ボール箱、工作の素材を部屋に集めただけのシンプルなものもあれば、ノースカロライナ大学教育学大学院のイマジンラボ[17]のように3Dプリンター、プログラムで動かせるロボット、VRゴーグルなど最先端技術を完備したものもあります。イマジンラボには小型で安価な玩具やロボットが置いてあり、ドラッグ&ドロップで視覚的に操作できるスマホアプリを使って「プログラム」できるので、五～六歳の小さな子供でも簡単に扱えます。コンピュータに向かってコードを書くのとは違って、このようなプログラムは具体的で形があります。現実にどんな影響を及ぼすのかが目で見てわかります。

エクスプロラトリアムもメイカースペースも、ピアジェ、デューイ、フレーベル、モンテッソーリらが唱えた有名な構成主義理論にヒントを得ています。彼ら進歩的な教育者たちは、具体性のある創造活動を通じたアクティブ・ラーニングの重要性を主張しました。メイカー活動はガイド付き即興法の優れたモデルです。というのも、研究者が創造的な知識を獲得するための深い学習と関連づけてきた、次のような特徴を取り入れているからです。

◆学習が身体化されている

学習者が外界の人工物と物理的に交流します。学習者の身体と五感と手がフル活用されます。学習活動に身体が伴うと、創造的な知識の学習効果が高まることが、研究でわかっています。[18]

◈知識が外部化されている

ものづくりをしている時、学習者の知識の発展は外部の物体という形で目に見えています。これは学生の**メタ認知**、つまり自分自身の理解の発展を振り返る力を育てるのに役立ちます。メタ認知スキルは深い知識を学ぶ力を高めることが、研究でわかっています。[19]

◈学生が内発的なモチベーションを持つ

ロケット模型製作者、自家醸造家、オートバイレーサー、ミュージシャンなど、趣味でものづくりをしている数百人を対象にした調査で、対象者は自分が大好きなことをしていると答えています。成績や他人からの評価を目当てにしているのではないのです。[20]心理学ではこれを**内発的なモチベーション**といい、学習者が内発的なモチベーションを持っている時のほうが創造的な学習になりやすいことが、研究で明らかにされています。[21]人はものづくりをする時、学校にいる時よりも高いモチベーションを持ちます。自分で見てさわれるものを作る以上にモチベーションの上がることは、そうあるものではありません。[22]学生に今まで受けた授業の中からどれを選んでもいいと言って「あなたの好きな授業の良かったところは何ですか」とたずねると、必ずといっていいほど、自分の学びを物理的に見られる活動を挙げてくれます。メイカー活動はどんな科目でも学習に寄与します。学生たちが答えてくれた授業は音楽から国語や数学まであらゆる科目にわたっていました。

ほとんどのメイカー活動は教室の外、放課後のクラブや科学館で行われます。メイカースペースが学校の特定の学習成果に結びつくように設計されることはほとんどありません。大半のメイカースペースはティーチング・パラドックスに対して、エクスプロラトリアムと同様のバランスの取り方をしています。構造をごくわずかしか提供せずに、学生の即興的な知識の構築をサポートしているのです。実はエクスプロラトリアムにもティンカリング・スタジオ[23]というメイカースペースが併設されています。ここで、今ではアメリカ全国のメイカースペースで使われている活動がいくつも開発されました。しかし、学習基準に従ったカリキュラムにメイカー活動を組み入れるのは難しいかもしれません。

教師と同じく、親も週末に子供をメイカースペースに連れて行くと、できることのあまりの幅広さにどうしていいかとまどうことがあります。子供をメイカースペースに連れてきた親は、子供に特定のモノ、家に持ち帰って飾り、親戚や訪問客に見せるのに体裁のいいものを作るよう仕向けがちです。子供が自分の作品を誇りに思い、成功体験をきっかけに科学や工学に関心を持ってくれればと願うのです。家に持ち帰った作品は親子で過ごした一日の思い出になります。

ノースカロライナ州チャペルヒルにあるキッズ・チルドレンズ・ミュージアムのメイカースペースのマネージャー、ジャレット・グリム＝ヴァヴライティスは、よくあることだと私に話してくれました。親は子供を反復的で予測のつかない設計プロセスに誘導するよりも、作品の出来栄えに気をとられがちです。しかし、子供はたから見ればガラクタのようなものを作っている時のほうが創造性をよく学びます。おそらく帰りの車の中でこわれてしまい、数日もすればとっておく価値もなくなるものを、です。場合によっては、専門の指導員がいてスケジュールの決まったワークショップに参加するほうがいいかもしれません。失敗を避けるのではなく受け入れる環境で、指導員が子供たちに反復的な設計と失敗と実験から学ぶよう促してくれます。

事例4　学校の授業にメイカー活動と博物館の体験学習を取り入れるための足場かけ

多くの学校は、創造的な知識のための即興をガイドする構造を、カリキュラム目標に合わせて多少追加し、メイカー活動や博物館の体験学習の自由と創造性を取り入れています。

同じメイカー活動でも、二通りの構造化があることを示す図４－３を見てください。この活動では、ウィンドチューブ〔強い風を流して物体を浮き上がらせる装置〕に入れる物体を学生に作ってもらいます。ある博物館は図4－3の左側のバリエーションを使い、課題の目標を指定しませんでした。学生に何をしたいかを自分で決めさせたのです。もう一つの博物館でも同じ体験学習を提供していますが、手を加えて図4－3の右側に示す形にしました。「二本の線の間に浮く物体を作ってください」という限定要素の枠内で取り組んでもらったのです。どちらを選ぶかは、その展示物にどこまで具体的な学習目標を設定するかによるでしょう。

学校がメイカースペースの活動を利用する時はふつう、課題解決型学習の単元に組み入れます。制作（メイキング）とPBLの組み合わせには、創造的な知識の学びをサポートする大きなポテンシャルがあります。この章の前半で、適切な問い、限定要素、目標でガイドされればPBLで得られる学びが大き

図4－3　メイカー活動用展示物の二つのバリエーション[d]

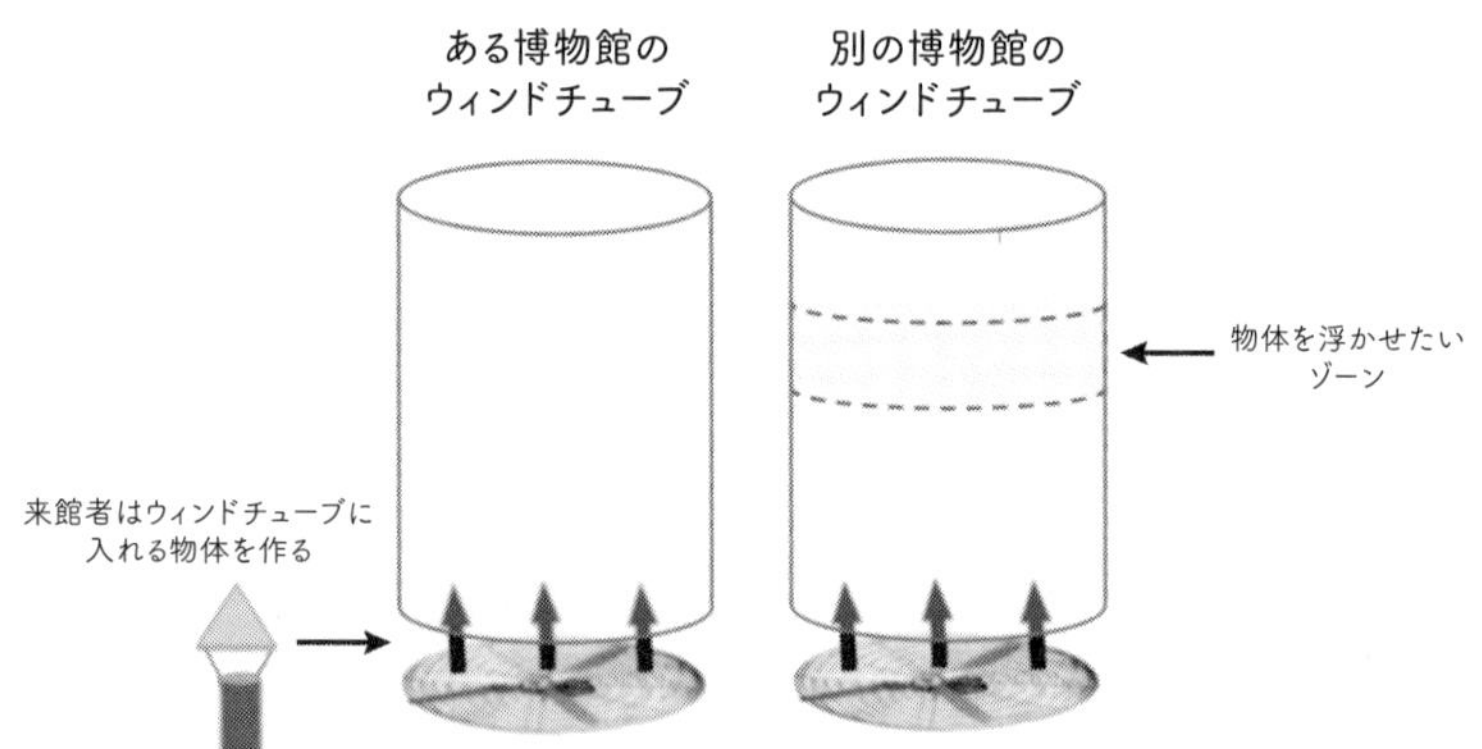

右側のバリエーションは来館者に選択可の目標を提供している。左側のバリエーションは来館者に完全に自由に目標を決めさせている。

くなることを示す研究を紹介しました。例えば、ある研究で学生を二グループに分けてロケット模型を作らせ、比較しました。[24] 片方のグループには標準的な活動を行わせ、もう片方には「NASAが新しいロケット模型キットに活用できるような設計図を作りなさい」という目標を追加しました。このグループの学生には、制作するロケットについて尾翼の数や使用するペンキなど、指定した特徴をテストして飛行に及ぼす影響を確認することも課しました。二つのグループに「この活動の目的は何だったか」と後でたずねたところ、一つ目のグループは「ロケットの制作」と答えました。彼らは浅い知識しか学んでいませんでした。それに対して、二つ目のグループは創造的な知識を発展させていました。彼らは自分たちが学んだ特定の物理の原理について詳しく話せましたし、教師がこの活動に設定した目標が物理の概念を深く学ぶことであるのもわかっていました。

　このロケット模型の研究や同様の多くの研究から、オープンエンドな活動に構造を加えたほうが、学生に創造的な知識が身につきやすいことがわかっています。構造の追加は、特定のカリキュラム目標に学生をガイドしなければならない教師にとってはとりわけ重要です。ただし、活動にどのように構造を入れるかについては慎重さが求められます。学校で授業に制作（メイキング）や探究を初めて導入する際、構造化しすぎるのは非常によくあることです。カリキュラム目標と義務付けられた成績評価にそぐわないため、制作（メイキング）と探究は学校ではうまくいかないとの意見も耳にしました。しかし今挙げたような研究が、それを可能にする方法を示しています。[25]

事例5　授業内の制作（メイキング）に足場をかける――FUSEスタジオ

今日では、全米各地の学校がガイド付き即興法を採用してカリキュラムに制作（メイキング）を上手に組み込んでいます。その見事な成功例がイーグル・レイク学区です。[26] イーグル・レイクは生徒の制作（メイキング）が、学習基準で求められている科学の学習成果につながるよう、ガイド付き即興法を活用したメイカー活動中心のカリキュラムを開発しました。キラという女子生徒は3Dモデリング・ソフトウエアの「ティンカーキャド」を使ってハンドスピナーを設計し、3Dプリンターで印刷しました。そのハンドスピナーは実際に回りました！　別の子供たちがそれを見てすごいと思い、キラにやり方をたずねました。キラは胸を張って教えました。作り方に精通した制作者および教師の役割を負ったことで、キラは一人のクリエイターとしてエンパワーされたのです。「自分にこんなことができるなんて思ってもみませんでした」とキラは言っています。セシリアという別の生徒はマインクラフト〔3Dブロックで構成された仮想空間の中でものづくりや冒険ができるゲーム〕で理想のコミュニティを設計し、創造しました。セシリアも同様にエンパワーされ、その学習体験を次のように語っています。「どうやって障害を乗り越えるかを学ぶんです。こんな学び方もあるんですね」

イーグル・レイクは、フィンランドとアメリカで一三〇校以上が採用しているFUSEスタジオという革新的な新しいSTEAM（科学、技術、工学、芸術、数学）カリキュラムを使っていました。[27] FUSEにはビデオゲームのように「レベルがアップ」する三〇のSTEAMチャレンジシリーズが含まれています。三〇のチャレンジにはロボットのプログラミングや3Dで理想の家を制作する課題などがあります。FUSEはメイカー活動に手厚い足場かけをしています。しかし、たとえ構造が多くても、最初は懐疑的な声が上がります。活動の構造が不十分だと考える人もいました。これは科学の授業ではないとさえ考える科学教師もいて、「この活動のどこが科学なのか」との発言が聞かれました。彼らからすると、ハンドスピナーの設計と印刷に何の科学的知識が要るのかということになります。批判的な人は、マインクラフトで世界を構築する活動に対して、「何の科学原理が学べるのか」と疑問を口にするかもしれません。しかしこうした懸念は、浅い知識と教材をカバーすることにとらわれた発想です。FUSEは**パターン**や**原因と結果**のような、科学と探究の中核にある領域横断的な基礎概念を教えるべく設計されています。浅い知識ではなく創造的な知識を教えるためにできているのです。FUSEは、エクスプロラトリアムと同じくオープンエンドな探究のマインドセットを学生に体験させます。違うのは、学習軌道をガイドする構造を加えているところです。構造のない遊びと探索よりもガイド付き即興法のほうが学習効果が高くなりうることを、FUSEは示しています。

第五章ではこのようなＦＵＳＥプロジェクトの授業をふまえ、カリキュラムと成績評価と学習基準に沿って授業にガイド付き即興法を導入する方法について提言します。

事例６　オーケストレーション・スクリプトで即興に構造を入れる

教育ソフトウェアにしろ、タブレットのアプリにしろ、インターネットツールにしろ、学校が授業に新しいテクノロジーを初めて導入する際、教師は本質的には同じ教え方を続けるのが最も楽だと考えます。例えば、従来の授業計画や授業の活動を最も効果的にサポートしそうな場面に新しいテクノロジーを取り入れるかもしれません。しかし、新しいテクノロジーを既存の教授法に取り込むのでは、学生の学びに大きなインパクトをなかなか与えられません。そして学生の試験の得点が変わらなければ、目新しいおもちゃに大金を無駄遣いしたように見えかねません。新しい教育テクノロジーが本来持っている可能性は、詰め込み教育から創造的な授業への転換をサポートする点にあります。使いこなすためには授業計画と指導戦略に対する考え方を変えなければなりません。教え方が同じままでは――以前は紙と鉛筆を使ってやっていたのと同じことをテクノロジーを使ってやっていたのでは、コンピュータを買ってもたしかにお金の無駄遣いになるでしょう。

メイカー活動を取り入れている学校もありますが、新しい授業のコマを追加するというやり方で、しかも活動で使うテクノロジー専用の部屋を別に設けています。新しい活動を通常の教材を使う授業から切り離しておけるので、制作（メイキング）を学校に導入する方法として最も楽なのです。それ以外の授業や時限の教授法は何も変わりません。本書では一貫して、創造性のトレーニングは全授業、全科目に組み入れてこそ最も効果を発揮することを示してきました。制作（メイキング）も同じです。すべての科目をあいかわらず従来のやり方で教え続けたのでは、学生は制作（メイキング）から創造的な知識を学ばないでしょう。ものごとを根本から大きく変えるのは至難の業です。新しいテクノロジーの可能性を生かすような教え方は、はじめての教師にとって大きな負担になるでしょう。そこで、ガイド付き即興法の原則が役に立つかもしれません。教師がガイド付き即興法で教えるためにテクノロジーを利用する時は、その新しい授業計画を比較的構造化したものにすると楽です。[28]

学生をグループ分けしてプロジェクトで協働作業をさせる際は、特に構造が役に立つでしょう。協働は学生にとって難しく、ガイドする構造がないと、プロジェクトのグループ作業は効果がないことが多い、と研究でわかっています（第三章を参照）。**コンピュータに支援された協働学習**（ＣＳＣＬ）における近年の革新的な試みから、協働的な授業での即興をテクノロジーがいかに支援できるか、ある程度の洞察が得られます。この新しいＣＳＣＬの試みでは、チームの協働の力学に足場かけをし、学生が協働作業から学びやすいよう設計されています。[29]

教師がこうした新しいテクノロジーに対応して教え方を変えやすくするために、最先端のソフトウェアの中には教師向けの**オーケストレーション・スクリプト**を備えたものがあります。**オーケストレーション・スクリプト**とは、授業に新しく入ってくるたくさんの変数を教師が管理するために必要な構造を提供する機能です。[30] 具体的には、小グループでのディスカッションや個人ワークのような、適切に設計された一連の活動を含む授業計画です。オーケストレーション・スクリプトには、教師が授業中の特定のタイミングに使える指導戦略――前述した「ルーティン」――も含まれています。

オーケストレーション・スクリプトの初期の開発者は、すぐにティーチング・パラドックスに遭遇しました。良かった点は、スクリプトのおかげで教師が新しいテクノロジーを使う効果が高まったことでした。一方で、スクリプトは構造が多すぎて、学生が即興的に自分自身の創造的な知識を構築できなかったことが課題でした。そのため、今日の最先端の研究では、教師を支援するための台本化（スクリプティング）の利点を維持しつつ即興の柔軟性を取り入れる方法を探っています。

スペインの田舎町シガレスにあるアナ・デ・アウストリア小学校は、デジタル・ホワイトボード、タブレットPC、グループ・スクリブルズのようなソフトウェアなど、教師向けの新しいテクノロジーを多数導入してきました。[31] 近くにあるバリャドリッド大学の研究チームが、六～八歳のクラスで教師が授業の即興をどのように指揮しているのかを調査しました。構造の中で生徒の即興を可能にするオーケストレーション・スクリプトを設計するための理解を深めるのが目的でした。

研究者はまず、いくつかの授業を見学して、教師がティーチング・パラドックスのバランスをどう取っているかを観察しました。簡単な算数の授業をしていたあるクラスでは、教師がガイドするための構造を多用していましたが、生徒が即興できる余地をある程度残していました。この教師の構造と創造性のバランスの取り方はきわめて高度で、研究者が授業の流れを把握するために複雑なグラフィックツールを作成しなければならないほどでした。図４－４はある算数の授業の学習軌道を示したものですが、構造化された授業計画とその計画における即興を、視覚的手法を使って見せています。[32] 太字の項目は授業計画には書かれておらず、授業中の即興から創発されました。図はかなり複雑ですが、個々のディテールは気にしなくてかまいません。太字のところをざっと見てください。すると授業がほぼ教師が計画した通りに展開しているのがわかるでしょう。計画外の即興が発生した瞬間（太字部分）は、相対的に小さなアドリブです。

テクノロジーを組み込みつつ即興の可能性も高める授業計画の作成を支援するために、研究チームが開発したのが専門職能開発（プロフェッショナル・ディベロップメント）（ＰＤ）ワークショップです。研究チームは図４－４のようなプロセスマップを用いて教師に自分の実践を振り返ってもらい、授業が構造と即興のバランスをどう取っていたかについての議論をしました。そして、ＰＤワークショップは教師がティーチング・パラドックスのバランスを取る力の向上に役立ったことを十分に示す結果を得たのです。教師たちは授業の流れに応じて即興を行うことに以前ほど不安を感じなくなり、即興の余地のあるもっと柔軟な計画を立てられるようになりました。

意外かもしれませんが、オーケストレーション・スクリプトの導入は教師にかえって即興を増やす自信を与えました。[33] 第三章で述べたように、教師が初めてガイド付き即興法を試す時は不安を覚えるものです。研究チームは授業の流れの不確実さを軽減する台本（スクリプト）の設計をサポートし、教師がいつ、どうやって到達するかが予測しにくいためです。意図した学習成果に学生がいつ、どうやって到達するかが予測しにくいためです。研究チームは授業の流れの不確実さを軽減する台本の設計をサポートし、教師が台本の未確定の部分でもっと自信をもって即興できるようにしました。この台本が教師自身の即興的な学びの足場として機能しました。教師はオーケストレーション・スクリプトを使う経験を重ねるうちに、授業計画の台本からだんだん離れられるようになりました。授業を見学していた研究者は、回を重ねるごとに即興が増えていくのをまのあたりにしました。教師は別々の指導ルーティンを組み合わせたり、その場で新しいルーティンを考案したりしたのです。

この本の随所で紹介してきたガイド付き即興法の例と比べると、図4－4は構造でがんじがらめに見えます。実際、新しい研究では、このような台本はもっと柔軟でなければならないことが明らかになっています。例えば、台本は教師が授業計画の経験を重ねるにつれて「フェーディング」できる設計にすべきです。シガレスのアナ・デ・アウストリア小学校の研究では、

図４－４　算数の授業のオーケストレーション・スクリプト[e]

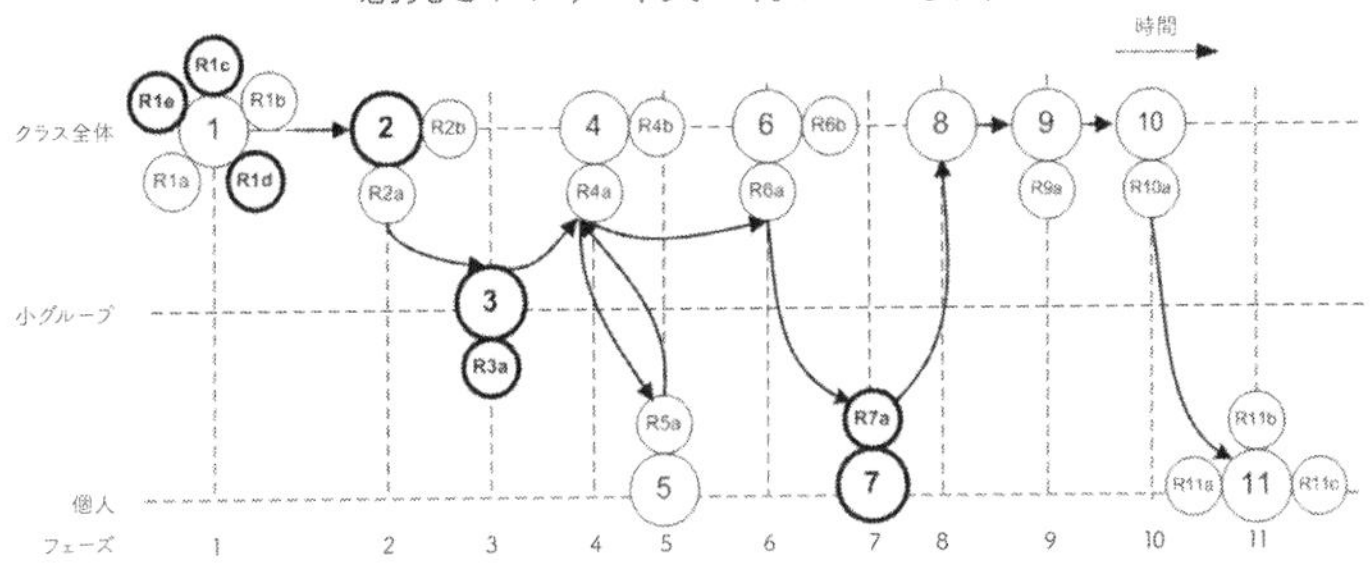

X　フェーズ

1 ………… 目的説明
2 ………… ヒント
3 ………… 質問／情報の提示
4 ………… 教師の監督下での生徒同士の評価
5 ………… 自分の間違いの訂正
6 ………… 目的説明
7, 11 …… 分類
8 ………… 口頭説明
9 ………… ブレーンストーミング
10 ……… 投票

RXa　補足のルーティン

R1a, R4b, R6b …………… ホワイトボードを使った説明／例示
R1b, R2a, R5a, R6a ……… 口頭説明
R1c ……………………… 二人一組のタブレット使用
R1d ……………………… ふだんのグループ分けをバラバラにする
R1e ……………………… ふだんとは違うグループ編成
R2b ……………………… 順不同の質問／参加
R3a ……………………… 紙の模型教材
R4a ……………………… ツールの使用禁止
R7a ……………………… データを送信させる
R9a, R10a, R11a ………… 協働タスクの社会的調整
R11b ……………………… 注意
R11c ……………………… 授業中の成績評価

ベテラン教師ほど即興が多かったことがわかっており、私が第三章で述べた研究結果を裏づけています。[34]学習科学者は、さまざまなカリキュラム目標や教えるスタイルに合わせられる、柔軟な新しい台本の設計に取り組んでいます。授業中の即興を許容するだけオープンエンドな台本なら、教師はプロの判断力を使って台本に即興を加えつつ、ティーチング・パラドックスのバランスをたえず取っていくことができます。

column

即興ゲームを教える

ニコル・シェヒトマンとジェニファー・クヌードセンは、サンフランシスコ・ベイエリアの貧困率の高い学区の中学校教師向けに、即興ゲームを用いた教え方（TIGs）を柱とした二週間の夏季集中PDワークショップを企画した。[f]教師が比例的推論と座標幾何学という深くて大きな数学のテーマを教える支援をするのがねらいだった。例えば、「Why, Why, Why?（なぜ、なぜ、なぜ?）」というあるゲームは、比例の重要な概念だが教師が必ずしも深く理解していない、分数同士が等しい値であることを求めるのになぜたすき掛けが有効かを、数学的に根拠を示すのがテーマだった。

ワークショップの目標は、教師が論証の演習で足場かけを添えてやり、創造的な知識へと生徒をガイドするための支援だった。生徒を論証の演習に参加させると、概念的理解や適応的推論など、数学の創造的な知識に導けることがわかっている。

ワークショップでは、生徒の論証スキルを伸ばすのに役立つと研究でわかっている、例えば「生徒に一定の立場を取ることを促す」あるいは「賛成か不賛成かを引き出す」ための「教え方の一手」を教えた。シェヒトマンらのワークショップの中心に設計されているＴＩＧｓは、推測、正当化、結論の三部構成になっており、これは優れた論証の構造に対応している。

ワークショップを受講した教師の授業で生徒が行った数学的論証の量を、受講しなかった教師の授業と比較したところ、前者のほうが生徒の論証がはるかに多く見られ、しかも効果的に学んだことが示唆された。[g]

新米教師から即興の達人へ

ティーチング・パラドックスに慣れるには時間がかかります。多くの新米教師が自分の即興の力量に不安を覚えるのは無理もありません。実際、教師に限らずほぼすべての職業で、初心者は効率的に仕事を進める手順を教えてもらいたがります。授業運営、カリキュラム編成、地域や国の学習基準に沿った成績評価の作成、グループワークの管理、公正な成績のつけ方について、具体的な教えを求めるのはいたってふつうです。[35] 駆け出しの教師にとって、このような具体的な指導方法の拠りどころとなるのは教育手法の教科書です。第三章で取り上げたように、こうした教科書の内容は授業により多くの構造を加えるテクニックにほぼ特化しており、新米教師にとっては価値があります。しかし自信をつけ、台本化されたテクニックに習熟するにつれ、彼らもガイド付き即興法を用いる余裕が出てきます。

教師の熟達に関する研究で、新米教師が初めて教え方を学ぶ際には、足場かけが多いほうが得るものが大きいことがわかっています。学生が新しい単元の始まりの段階では多めの足場かけが必要なのとまったく同じです。アナ・デ・アウストリア小学校の教師たちはオーケストレーション・スクリプトを好んで利用しました。そのおかげで、新しいテクノロジーを最大限に活用するために授業計画と指導戦略を見直すという難しい取り組みが楽になったからです。教師として学び成長するにつれ、足場かけはフェーディングさせ、授業の即興の割合を増やしていけます。新米からベテランになるとは、次第に構造を減らして即興を増やしていく変化なのです。

教師のキャリアは大きく分けて三つの熟達段階を経ることが多いものです。[36]

1　キャリアの第一段階では、新米教師が一貫性のあるカリキュラムの作成と実施を身につける。授業計画は比較的構造が多い。

2　数年経つと、教師は成長の第二段階に入る。この段階では、毎日授業で起きたことを振り返り、自分の行動を内省して、翌日の計画を修正できる。

3　最後の、熟達の第三段階では、教師は既存のカリキュラム選択肢の構造から踏み出し、自分で新しいカリキュラムや授業実践を創造できる。

教職課程で使われる教育手法の教科書が提供する足場かけは、新米教師には不可欠なものです。ルーティンをマスターするにつれ、慣れて気持ちに余裕が出てきます。このような構造は自転車の補助輪だと考えればいいでしょう。自分の実際の教え方をたえず振り返り、授業計画が構造と即興のバランスをどう取っているかを意識しましょう。授業の台本をフェーディングさせ、即興をガイドする力を伸ばす努力をしましょう。補助輪を外して飛び立ちましょう！

教科の教授法に関する知識を使った即興

ガイド付き即興法で教えるためには、担当科目を深く理解していなくてはなりません。あなたが学んできたのが浅い知識でしかなかったら、どうして創造的な知識を教えられるでしょうか。創造的な知識とはどのようなものか自分が知らなかったら、学生の学習軌道をガイドして創造的な知識に導くことはできないでしょう。

自分でできないことは教えられないと世間では言います。それは大間違いです！　たいていの人が思っている以上に間違いです。もっと正確に言えば、自分で何かができる専門家、例えばその道のプロである研究者、全国レベルのチェス選手、あるいは世界的なシェフは、たいてい自分が知っていることを人には教えられません。ガイド付き即興法で教えるには、教科内容の知識があるだけでは不十分なのです。それには**教科の教授法に関する知識**（pedagogical content knowledge）、つまり担当科目に特化した、その科目ならではのやり方で教える能力が必要になります[37]。研究で明らかになった、ガイド付き即興法で効果的に教えるために必要なものを挙げます。

1　創造性を教えるには**教科内容の知識**がなければなりません。その分野の専門家とほぼ同等の知識がなければなりません。教科内容の知識は担当教科の課程で学びます。

2　創造性を教えるには**教授法の知識**がなければなりません。学生を管理して動機付けるためのテクニックとスキルとコツを知っていなければなりません。教授法の知識は教職課程で学びます。

3　しかし教え方の基本的スキルをただ知っているだけでは、創造的な知識を教える準備はまだ整っていません。ガイド付き即興法で教えるためには、この二種類の知識を組み合わせられなければなりません。教職課程を卒業して教師になったほとんどの人が、一、二年経ってから、教科内容の知識と教授法の知識の組み合わせ方を学生時代にもっと学んでおきたかったと言います。

詰め込み教育の授業は――教師が構造で固めたその日の計画を作り、ほとんど一人でしゃべり、ずっと授業の主導権を握っています――内容の理解が限定的でも、単純な教授法のテクニックを多少身につけているだけでも、こなせます。ガイド付き即興法を支える創造的な知識と適応的熟達は必要ありません[38]。しかし、教えるための教科内容の知識――ガイド付き即興法を支えるタイプの知識――は一種の創造的な知識です。教師に自分の担当科目の創造的な知識があってはじめて、ガイド付き即興法で教える準備が整うのです。

教育改革者の中には、即興の必要性を一切排除しようとした人々がいました。彼らが提唱したのが**直接教示法**、一回の授業ごとに一字一句決められた台本を教師に与える方法です[39]。直接教示法は、ほぼ誰でもできるからという理由で「先生要らず」とも呼ばれています。教えるための知識はさほど必要ないし、創造的な知識や即興的な学習をガイドする能力はまったく必要とされません。台本を読み上げ、授業が隅から隅まで構造で固められていれば、科目についての知識もそれほどなくてかまいません。基本的に、求められるのは台本を上手に読む能力だけ――声がよく通ってクラスの注意をそらさないことだけです。

教師に科目についての知識が十分にないと、授業に構造を設けやすく、学生からの創造的な反応や質問を歓迎しない傾向があります[40]。しかし、創造的な学習の成果を上げるためには、第二章で示したように、簡単に答えられない想定外の質問をすることを学生に奨励すべきです。

優秀な教師は、学生をガイドして本人がした質問について実りある形で考えさせる対応が即興的にできます。想定外の質問に即興で上手に対応するには、その授業では必ずしも予定していなかった教科知識を使うことがままあるでしょう。教えるための教科内容の知識があれば、ガイド付き即興法に必要な熟達が身につきます。

まとめ

ティーチング・パラドックスはなくなることはなく、たえず変化していきます。年度の初めにこれさえあればパラドックスはなくなる、その年度はパラドックスのことを忘れていられる、という秘策など存在しません。創造的な授業では、構造と即興のバランスは常に変化していきます。授業をするたび、授業の間中ずっとです。図4－4にチャート化された授業の、かなりしっかりと構造化されたクラス活動でも、その構造の中で生徒が自分自身の学びを即興で行う自由がある程度残されています。構造を増やすべきタイミングや、構造を減らして生徒にもっと自由に探索させるべきタイミングを予測することは、難しいことです。

詰め込み教育で教えるのと比べると、即興授業で教える最初の年度は大変でしょう。詰め込み教育は台本に沿って行うので、やるべきことをやっているという自信は得られるかもしれません。授業計画から脱線したら、少なくとも何を間違えたかはわかるので、次の授業で修正する方法もわかります。計画を頭に叩き込んで、そこから離れないようにするだけです。

それにひきかえ、ガイド付き即興法は難しいものです。学生たちがどんな発言、どんな行動をするかもわからないまま、学生がずらりと並んだクラスの前に立つには相当な自信が必要です。学生をガイドして前に進ませるために、次にどんな知識や指導戦略が必要になるかわかりません。学生がどんな学びをするか、そこまでどれくらい時間がかかるのかも明確にはわかりません。自分がどう対応するのか、その瞬間までわかりません。最初は怖いものです。しかし経験を重ねるうちに即興のやり方を覚えていくことは、あらゆる研究でわかっています。学生たちが創造的な知識を学んでいるのが見て取れるようになります。学生は所定の教科の知識を学ぶだけでなく、一段深い概念的理解を身につけるのです。つまり、全体のシステムとフレームワーク、自分の知識を使い考えて説明する力、自分の知識を応用して新しい状況に転移させ、その知識で創造する力を学ぶのです。学生たちがより深く理解し記憶に定着する学びをするのを、あなたはまのあたりにするでしょう。

学生が受けるメリットを目にするうちに、年を追って、ガイド付き即興法が学生の学びに及ぼす力を信頼できるようになります。そして、担当科目で学生一人ひとりを創造的な知識へとガイドするあなた自身の力も信じられるようになるはずです。

第五章

創造性のための学校

創造性の基盤にあるのは**創造的な知識**、つまり複雑な概念やモデルやフレームワークの深い理解です（第二章参照）。創造性は各科目に特化した能力ですから、創造性教育は新しい教え方、つまりその科目の創造的な知識を教えるガイド付き即興法に焦点を当てるべきです（第三章参照）。ガイド付き即興法によって、学生は教科の知識をより良く学びます。学んだことが記憶に定着し、理解が深まり、学んだことを幅広い問題に応用できます。何よりも、その知識を使って創造性を発揮できます。

創造的な授業で教師は、創造的な知識につながる学習軌道に沿って学生が探索的な道筋を進めるようガイドします。学生は、構造はあるけれど柔軟な授業計画とクラス活動によってガイドされます。創造的な教え方が最も効果を上げるのは、この新しいタイプの教授法をサポートするために作り変えられた学校においてです。創造性を教える学校では、文化、リーダーシップ、組織構造、成績評価、すべてが創造性というミッションと連携しています。この章では、創造性を教えるという大切な仕事をするために、学校と教師がどのように協力できるかを述べます。

学校は複雑な組織です。学校が直面する課題の多くは、他の非営利組織や営利組織と変わりません。革新的な組織には四つの重要な共通点があることが、研究でわかっています[1]。いずれも学校にもあてはまります。

- **文化**：浅い知識をカバーすることにこだわるよりも、創造的な学習と知識を評価する
- **リーダー**：創造性を最優先し、教師に必要な支援を行う
- **組織構造**：創造性教育を支援する
- **成績評価**：浅い知識とともに創造的な知識にも焦点を当てる

本書を通して、創造性教育で優れた成果を上げている学校について述べてきました。こうした学校はすべて、この四つの特徴を備えています。次の四節では、この研究をもとに創造的な学校の文化、リーダーシップ、組織構造、成績評価がどのようなものかを紹介します。

創造的な学校の文化

学校の**文化**とは、表には出ないけれど全員が共有している暗黙の信念と、全員が当然のように受け入れている社会慣行および考え方やふるまい方です。その信念と慣行はあたりまえすぎて誰も疑問を呈そうとは思いません。ごく自然に見えます。そういうものだとされています。

学校の文化によって、ある教え方はやりやすく、別の教え方はやりづらくなります。多くの学校では文化的な信念と慣行が、声高に語られるわけでも目に見えるわけでもありませんが、詰め込み教育に合わせられています。そのような学校で創造的な知識を教えるのはハードルが高いかもしれません。

例えば、学生は静かにして教師の言うことに耳を傾けるべきだというのが共通の文化的な前提です。学生は教師が言うことを覚えなければなりません。このような教授法がうまくいかないのはわかっていますが、深く根を下ろした文化的な前提を変えるのは難しいものです。第一章で紹介した、子供たちが描いた教師の絵を覚えているでしょうか。子供たちは皆、黒板の前に立ってクラスに講義している女性を描きました。親が詰め込み教育の授業を参観すると、自分が学校について持っているイメージ通りの光景を目にします。子供たちが机を並べて座り、静かに集中しています。教師が前に立ち、その日に予定した教科書の単元の内容を話しています。親はそれを見て安心します。慣れ親しんだ、暗黙の文化的な前提となっている詰め込み教育そのままだからです。

このような前提があまりにも深く根づいているため、学校を変革するにはこれらの前提に真っ向から疑問を投げかける必要があります。学校の文化を詰め込み教育から創造性教育に変えるにあたって、教師は重要な役割を果たせます。文化を変える第一歩は、そのコミュニティで不文律となっている詰め込み教育の前提を白日の下にさらすことです。次に、この本で概要を紹介した、詰め込み教育で教えられる知識は理解を伴わず、すぐ忘れられてしまうことを明らかにした研究を共有するのです。ここでようやく、学校コミュニティに最も肝心な問いかけをするお膳立てが整います。「私たちが大事にするのは何ですか？　学生に学んでほしいのはこういう知識なのですか？」。たいていの学校ならはっきり「ノー」と答えが返ってくるでしょう。これで創造性を教える学校作りの協力体制ができます。

学生がこの新しい授業法にうまくなじめるようにする配慮もしてください。学生は初めてガイド付き即興法を体験すると、抵抗することがあります。詰め込み教育の授業で通用した、授業中のふるまいや戦略が使えなくなるからです。私たちの優等生のイメージは、深く根づいた文化的な前提に基づいています。ガイド付き即興法に移行した最初の授業で、学生の中には詰め込み教育の授業ほど楽ではないと思う者がいるかもしれません。実際、創造的な知識を学ぶには浅い知識を記憶するより努力が必要だという研究の裏づけもあります。[2] 多くの学生はしっかりと構造化された授業に慣れていて、即興しなさいと言われると何をしていいかわからないでしょう。ガイド付き即興法はあいまいで予測がつかず、そのことが多くの学生にフラストレーションを与えます。教師が初めてこの方法で教え始めた時に不安を経験するのと同じです。また、第二章と第三章で示したように、学生がガイド付き即興法で学ぶ場合は、行き詰まりに遭遇もすれば失敗もし、詰め込み教育の授業よりもずっと時間がかかります。最初はもっと構造や詳しい情報がほしい、先生は自分たちに具体的に何をしてほしいのかもっとはっきり指示してほしい、と言ってくるでしょう。それに対してノーとは言いづらいかもしれませんが、学生の創造的な探索は構造化しすぎないのが大事です。ガイドしすぎると学生が創造的で創発的な学びにたずさわるのを妨げてしまいます。[3]

学生に納得してもらうのにそれほど時間はかからないと思います。私の授業では、学期の第一週をこれから使う課題解決型の教授法の説明に充てています。詰め込み教育には効果がなく、ガイド付き即興法がうまくいくことを示す研究を短くまとめたプリントを学生に配ります。すると学生はやってみたいと乗り気になります。結局のところ、学生たちは詰め込み教育にうんざりしているのです。高校生を対象にした調査では、先生が教科書を読み上げるような講義をやめてほしいと彼らは答えています。高校生たちは発見型、問題基盤型、探究型のカリキュラムを使った授業で学びたがっています。[4] 自分がやろうとしていることとその理由を率直に伝えれば、生徒を説得するのは難しくないでしょう。

親からもこの新しい教授法についての質問が来るでしょう。多くの親は詰め込み教育の教え方しか見たことがありません。自分の学生時代の記憶もおそらくそうでしょう。詰め込み教育の観点から見れば、創造的な授業は収拾がつかないように見える場合もあります。ヨーク・スクールのケヴィン・ブルックハウザーは、新任教師には最初のうち「足元が心許ない地面」に感じられると言っています（第一章）。クラスの管理が行き届いておらず、教師が授業時間を有効に使っていないと親は思うかもしれません。

しかし学校が変革を果たしてしまえば、親は最大の応援団になってくれます。その好例がトランスフォームSCイニシアチブです。サウスカロライナ州で二〇一二年に発表された報告書が、子供たちが学べていないと警鐘を鳴らしました。教育関係者がこの課題に立ち上がりました。彼らは政治家、ビジネスリーダー、親と協力し、**トランスフォームSCイニシアチブ**[5]という新しいヴィジョンを掲げました。学校は抜本的に文化を変える必要がありました。親も、生徒も、ビジネスリーダーも、政治家も、一部の教師でさえ、根強い詰め込み教育の前提にとらわれていたからです。初期のトランスフォームSCイニシアチブに尽力した一人、モリア・

ジャクソンはこう言っています。「文化を変えるのは難しいことです。誰でも学校のそれまでの姿を知っていますから、学校に強い思い入れがあります。一から校舎を再設計する話し合いを始めて、それがもはや学校には見えないようなものだったりすると、コミュニティからの抵抗に遭います」[6]。ガイド付き即興法は厳しさが足りないのではないかと不安がる親もいました。

いくつかの学校では短期間に文化の変化が起き、ジャクソンらは意を強くしました。その一つがサウスカロライナ州レキシントンのリバー・ブラフス高校です。この高校は創造的な学習に特化して作られました。教科書は使わず、生徒は探索とプロジェクト課題から学習します。教科書がないので、学校の廊下の壁にロッカーを並べる必要もありません。しかし、私たちは皆なぜか学校の廊下にはロッカーが並んでいるものと思い込んでいます！　学校に見えないと文句を言う人々もいます。ジャクソンはある親が軽蔑するように「まるでスターバックスみたい」と言うのを耳にしました。しかし学校の成果が数字に表れ出すと、親たちは熱心に支持するようになりました。リバー・ブラフスをはじめとする新しい学校の成功で、他の学校も追随し始めました。二〇一九年現在、トランスフォームSCネットワークには二三学区の六五校と六学区の全校が参加しています[7]。

> イノベーションの文化は、新しいアイデアを試して失敗を許容する自由を育て、必要なリソースを受け入れ、必要なスキルのトレーニングと開発を提供し、協働作業を活用し、広い層から支持される。
>
> South Carolina Innovation Initiative Steering Team, 2012, p. 11

創造的な学校のリーダーシップ

創造的な学校への変革に教師は重要な役割を果たします。しかし教師だけではできません。校長、学区リーダー、さらには地元や州の政治家からの支援が必要です。創造性を教える学校には、創造的な授業を支援し、学校の新しいヴィジョンを提唱するリーダーがいます。子供たちは二一世紀のスキルを学ばなければならない、現代の仕事には創造性を身につけた卒業生が必要だと言うビジネスリーダーや政治家はめずらしくありません。ところがこのようなビジネスマンや政治家はえてして、それには新しいタイプの授業、再設計されたカリキュラム、創造的な知識に焦点を当てた新しい成績評価が必要になることを示す研究を知りません。単に学校が詰め込み教育をもっと上手にやらなければならないと考えているのです。彼らは学校がカバーする教材の量を増やし、学生が今まで以上に学んでいるのを示すべきだと主張したりします。しかしカバーする量を増やしても、学生が学ぶ浅い知識の量が増えるだけで、創造的な学習が進むわけではありません。皮肉にも、こうした最近の「創造性」を求める政策の多くは、第二章で示したように、学生の創造性を削ぐ結果に終わります。教師に過大な構造の利用を強制し、浅い知識しか評価せず、創造的な知識につながる教え方を邪魔するからです。

一〇〇〇人以上の教師を対象としたインタビューで、研究者のメアリー・ケイ・シュレックは「先生が授業で創造性を発揮する妨げとなっているのは何ですか？」と質問しました。最も多かった答えは、授業中の即興を制約する上から押し付けられた構造に関するものでした。[8] ある教師はこう言いました。「うちの学区のカリキュラムは逐一指示が入っているんです。単元の目標や活動から外れることは絶対に許されません。一日は一〇分、一五分、二〇分、三〇分の休憩時間をはさんだスケジュールになっていて、一時限ごとにやることがこまかく決まっています。これでは創造性の余地がまったく限られます！」[9]。別の教師は、勤務先の学校から特定の教科書とカリキュラムと授業計画の使用を求められていると語りました。その学校では認定を受けていない補助教材を使うのも禁じられているといいます。このような上からの制約があると、教師は与えられた台本に従わなければならないため、即興の計画が立てられません（第三章参照）。学校から台本通りの教授法を強制されると、教師は創造的な知識につながる即興で学生をガイドできないのです。

創造性のための学校では、教師が一貫した強力なサポートを必要とすることをリーダーがわかっています。特に変革の初期には、リーダーが教師を代表して大変な努力をして提唱しなければなりません。

column

創造的な学校のリーダー[a]

スクールリーダーに望む行動。

- 「わが校は創造的な学校です！」と明言する。頻繁に、声高に、公にそう語る。
- 創造的な知識と浅い知識の違いを理解している。創造性が学習成果の眼目であると、たゆまず提唱する。
- 革新的な教え方と学び方を中心とした専門的な能力を開発する機会を教師に与える。
- 創造的な教え方の評価と報奨に徹したシステムを導入する。
- 創造的な授業がどのようなものかを理解している。ガイド付き即興法は研究成果に基づいており効果があるのだと、親などの関係者を説得できる。
- 創造的な教え方と学び方をめざした学校の改善案を歓迎する。
- 教師が授業でたえず実験しなければならないこと、そのために時にはミスをしたり行き詰まったりすることに理解がある。そういう場合にサポートしてくれる。
- 実験する、反復する、イノベーションへの非直線的な道筋を喜んで受け入れるなど、創造的な思考と行動を自身の仕事で実践し、範を示す。

創造的な学校の組織構造

今日の学校の多くは、詰め込み教育に合わせた組織構造になっています。創造性のための学校の組織構造はそれとは大きく異なります。

一日のスケジュール

詰め込み教育の学校では、すべての時限がまったく同じ長さです。そこには、学習とは単にできるだけたくさんの知識のチャンクをカバーすることだという前提があります。学習のプロセスを直線的に前進するものだと捉えれば、一日の授業は「カバーする」という目標に向かう一歩でしかありません。創造性のための学校において、創造的な知識につながるオープンエンドなプロジェクトは、五〇分間の授業時間にはまずおさまりません。課題解決型学習（ＰＢＬ）が最も効果を上げるのは九〇分以上の授業です。サンディエゴにある公立のチャータースクール、ハイテク・ハイ（ＨＴＨ）では、すべてのカリキュラムが課題解決型になっています。同校は創造的な学習を推進する持続的な授業参加をサポートするために、一時限を長めに取った時間割にしています。[10]

科目

詰め込み教育の学校では、一回の授業、一時限で学ぶ科目は一つだけです。そこには知識と学習は区分して切り離せるものという前提があります（第二章参照）。しかし、最も創造的なアイデアは学際的なつながりから創発されてきます。創造的な知識とは、複数の分野に共通していることが多い概念的フレームワークなのです。創造性のための学校では、授業のスケジュールは科目別に編成されていない場合があります。一日の時限数が少なく、一つの授業は複数の科目を組み合わせた内容になっているかもしれません。複雑な概念的フレームワークの中でつながりのある内容を一つの授業で扱うのです。

授業

詰め込み教育をやめれば、講義がなくなります。大学に講堂は要らなくなります。教室に机を並べる必要もなくなります。最先端の革新的な学区が、プロジェクト課題ができるよう備品の配置を変えられる学習スタジオスペースを備えた新しい学校を建設しているのは、そのためです。学校家具メーカーの業界トップであるスチールケースとハーマンミラーは今、本書で紹介してきたような研究に詳しい教育の専門家を雇っています。学校家具メーカーはすでに、学校が詰め込み教育をやめると見込んでいます。変化が起きるまでにどれくらいかかるかはわからなくても、それほど先のことではないと考え、準備を進めているのです。スチールケースとハーマンミラーは現在、机のついていない椅子（学生が積極的に移動してグループでの協働作業をしやすい）やキャスター付きのテーブル（学生がグループの編成や再編成ができる）を販売しています。グループに向けてタブレット端末を置けるように設計された「譜面台」も販売しています。[11]

例えば、サンディエゴのハイテク・ハイには従来型の教室がありません。机や教卓のかわりに、創造的な学習のためのさまざまなスペースを設けています。チームで模型やプロトタイプの計画と制作をする**プロジェクト・スタジオ**。ビデオ、バイオテクノロジー、アニメーション、工学のための**制作ラボ**。ミーティングと発表のための**会議室**。一一年生と一二年生（日本の高校二、三年生に相当）が一日数時間、自発的なプロジェクトに取り組める**プライベート・ワークステーション**です。[12]

文化とリーダーシップを変えるのは難しいですが、少なくとも新しい物品をたくさん購入する必要はありません。それに対して、構造を変えるには費用がかかります。ほとんどの学校は、すでにある備品に多額の投資をしており、新しい備品を買う予算はありません。構造の変化は管理者と事務職員にも課題を突きつけます。詰め込み教育の学校の硬直したスケジュールのほうが、教室や教師の割り振りをして学生にその日どの教室に行けばいいのかを指示しやすいからです。

まずは文化とリーダーシップの変革に取り組み、構造の変革は最後にとっておくことをお勧めします。新しい文化とリーダーシップが定着してからのほうが、構造の変革とそのための新しいリソースや管理手順の必要性を訴えやすいでしょう。

創造的な学校の成績評価

現状の進級や卒業を決める大事なテストでは創造的な知識は測れません。例えば、選択式の問題は浅い知識に合わせた設計です。浅い知識は小さなチャンクになっており、各チャンクは質問一つで評価できます。カバーする範囲を広げろという要請に対して、学生が学ばなければならない知識のチャンクが新しく増えるたびに問題を一つずつ増やすのは簡単です。学校をより良くすることのイメージがカバーする範囲を広げるということなら、テストを変える必要はありません。ひたすら長くすればいいだけですから。

しかし、浅い知識のテストでは創造的な知識はわかりません。第一章で述べたように、生徒の三分の二がピタゴラスの定理を応用する問題を解けません。多くの生徒が、授業ではこの公式を使う計算ができたにもかかわらずです。学校の官僚的な形式主義からすれば、授業で

「カバー」さえすれば、生徒はこの定理を「学んだ」ことになります。けれども生徒は、教え込まれたのとそっくり同じ問題を解くための浅い知識しか使えるようにならなかったのです。

創造性のための学校でも、従来型の学校と同じく成績評価は必要です。テストそのものが創造性と対立するというのは誤解です。創造性と対立するのは**詰め込み教育**のテストなのです。創造的な学校でも、教師と学生が自分たちがやっていることに効果があるのかどうかを知る必要はあります。創造性の研究者は領域一般的な創造性の成績評価の開発に熱心に取り組んできましたが、限定的な成功しかおさめていません。[13] しかし、一般的な創造性テストの登場を待つ必要はありません。第二章で論じたように、創造性は科目ごとに教えるべきものですから、学生が創造的な知識を学んだかどうかを評価するには、教科の知識を評価する方法を変えなければならないのです。

創造的な知識を評価するには定評ある二つの成績評価、カレッジ・ワーク・レディネス・アセスメント（CWRA）（大学進学および就職準備状況評価）と国際学習到達度調査（PISA）の原則に従うとよいでしょう。

カレッジ・ワーク・レディネス・アセスメント（CWRA）では、受験者にオープンエンドな問題を提示し、九〇分間で解かせて創造的な知識を測定します。典型的な設問は、例えば増える移民人口に地域の診療所がどう対応できるか、人口増により発生した交通渋滞をいかに管理するか、を問います。デラウェア州にある独立型私立校〔財源を国や地方自治体に頼らない私立校〕セント・アンドリュースは、長年CWRAを使って生徒の進捗度を評価し、創造的な知識をより上手に教えるためのフィードバックを教師に提供してきました。学部長のジョン・オースティンによれば、教師が生徒の創造的な学習を促進すればCWRAの結果に反映されるといいます。浅い知識を測るテストでは知りたいこと、つまり「わが校では生徒が知的かつ批判的に考え、従うよりも行動し、進むべき新しい道を見つけるように教えているか」が判断できないそうです。[14]

国際学習到達度調査（PISA）はアメリカが三〇カ国以上と協力して開発しました。それぞれの国で自国語に翻訳したバージョンを使用し、テストは真に普遍的な――つまり特定の国の文化や歴史に固有の質問がない――設計になっています。PISAは三年ごとに各国の一五歳をサンプルに実施され、二〇一五年には七〇カ国以上が参加しました。アメリカの生徒の得点はちょうど中間、七二カ国の平均点と同じくらいでした。[15]

アメリカの教育者の中には、PISAも単なる表層的なテストにすぎず生徒に本当に学んでほしいことを評価していない、としてこうした調査結果を否定する人もいます。しかしPISAは、実際に創造的な知識を評価する設計になっています。私が見たところ、PISAは大半のテストよりも創造的な知識の測定に優れています。PISAは創造的な知識を使った問題解決能力と批判的な思考力を評価します。選択式質問が出ても、その後で自分の答えを説明する文章を書かせています。訓練を受けた採点者がその説明を読んで理解度を評価するのです。

ＰＩＳＡとＣＷＲＡは有名なテストですし、創造的な知識の評価に優れています。実施の最大の障壁は使用料の高さです。詰め込み教育のテストに比べ、ＰＩＳＡとＣＷＲＡの実施コストは生徒一人当たり約四〇倍もかかります！ 浅い知識だけを評価する選択式テストにかかる費用は一回のテストで一ドル未満です。[16] ＣＷＲＡを実施するとなると、生徒一人につき四〇ドルもかかります。[17] また、ＰＩＳＡでは生徒一人の答案を訓練を受けた採点者が約一時間かけて採点します。[18] 創造的な知識のテストは実施と採点に従来のテストよりどうしてもコストがかかります。コンピュータで採点できる選択式の筆記試験で、創造的な知識の評価に効果があるテストを私は見たことがありません。

column

あなたはワシを救えますか？[b]

ワシントン大学の学習科学者、ジョン・ブランズフォード教授は、小学五年生と大学生の創造的な知識の比較を行った。教授は小学生と大学生のグループに、彼らがこれまで考えたこともなかった問題を与えた。「ハゲワシを保護するための州規模の回復計画を作りなさい」。ブランズフォード教授は小学生も大学生もそれほど踏み込んだ計画は立てられないだろうと確信していた。どちらも立案に必要な事実的知識を学んだことがなかったからだ。教授の予想通り、大学生が考案した解決策は小学五年生と同程度に効果のないものだった。大学生は動物学や生物学の授業で何も学んでこなかったように見えた。

しかし続いて、ブランズフォード教授は創造的な思考力を評価する二つ目のテストを行った。効果的なワシの回復計画の立案に必要な情報を質問できるチャンスを全員に与えたのだ。五年生は「ワシは何を食べるの？　ワシってどのくらい大きいの？」などワシの個体に関する単純な質問をした。それに対して、大学生は「ワシを支える生態系はどのようなものですか？」、「ワシを回復するためにはそれに先立って他の動物種を回復する必要がありますか？」など、複雑な生態系に関する質問をした。関連する法律や政治力学についての質問まで飛び出した。

大学生は創造的な知識、つまり物の考え方に対する深い理解を身につけていたのだ。このような創造的な知識は浅い知識をベースにしたテストでは表れてこなかった。しかしブランズフォードの新しい成績評価は、学生たちが創造的な理解を身につけていたことを示していた。

学校がＰＩＳＡやＣＷＲＡのようなテストを使い始めると、詰め込み教育の教授法の失敗が誰の目にも明らかになります。ガイド付き即興法で創造的な知識を学ぶ生徒のほうが、創造的な知識の評価では圧倒的に優秀だからです。[19] しかも、浅い知識を測る既存のテストでも遜色ない、時には上回る成績を上げます。そのような生徒がテスト対象の教材をすべて「カバー」したわけではなく、一方で詰め込み教育を受けた生徒はすべて「カバー」していることを考えれば、これは実にすごいことです。学校で浅い知識のテストしか使っていなければ、ガイド付き即興法のほうが優れているのがわかりません。テストの結果が同じだったら、学校の文化や時間割や運営方法をわざわざ変革する必要があるのかとスクールリーダーに問われてしまうでしょう。余分な時間や労力をかける価値はないと結論づけられてしまうかもしれません。

とはいえ、効果を証明するまでは、テストに四〇倍の費用をかけましょうと学校を説得するのはなかなか難しいものです。ガイド付き即興法の優位性を示すには、もっとコストのかからないアプローチから始めるのがいいでしょう。少人数の、ただし典型的な生徒をサンプル対象に選んで、ガイド付き即興法で教えるのです。その生徒たちにテストを受けさせ、詰め込み教育を継続した生徒の成績と比較します。創造的な知識をテストすれば、ガイド付き即興法の力が誰の目にも明らかになります。

＊

サウスカロライナ州コロンビアのキールズ小学校は創造的な学校への変革を果たし、生徒たちはすくすくと能力を伸ばしています。[20] 文化、リーダーシップ、組織構造、成績評価の刷新でどれだけのことができるかをキールズ小は教えてくれます。キールズ小は米軍基地のそばにあり、軍人は転勤で基地間を移動するため、毎年生徒の顔ぶれが大きく変わります。地元の生徒の大多数は有色人種で、平均よりかなり低所得の家庭の子供たちです。この学校は二〇年前、成績不振で廃校寸前になりました。廃校の危機を前に変革か死かを迫られ、キールズ小は変わることを選びました。四年がかりの変革でしたが、これが功を奏しました。生徒のテストの得点が劇的に伸びたのです。優秀な生徒ばかりを選んだからではありません。キールズ小に入学する児童の半数は、幼稚園準備状況の基準を満たしていません。しかし一年生の学年末までには九〇%以上が満たすようになります。

キールズ小のリーダーは、創造的な教え方と学びに本気で取り組んでいることを示しました。校長は教師にプロフェッショナルとしての権限を与え、必要なサポートとコミットメントがあると教師に実感させました。教師たちは協力して新しい教え方を設計しました。従来との違いには次のようなものがあります。

- 科目横断型の授業での協働学習
- 読み書き、算数、理科の統合型指導
- 社会科の問題基盤型学習アプローチ
- コンピュータを使った学習単元
- 教師の指導と監督つきで宿題をさせる放課後プログラム

教師たちは浅い知識のテストに代わって、深くて応用のきく創造的な知識を評価する新しいテストを開発しました。例えば理科では、パフォーマンス評価〔テストだけでなく作品制作、レポート作成、発表などの活動を取り入れた評価〕とポートフォリオ評価〔作品や評価の記録を蓄積していく評価法〕を使い始めました。

キールズ小学校には創造的な学校に必要な文化、リーダーシップ、組織構造、成績評価があります。キールズ小は革新的な教え方と学習を支えるために学校をどう再設計できるかの実例なのです。

column

創造的な知識を評価する

ＰＩＳＡとＣＷＲＡのように浅い知識ではなく創造的な知識を重視するテストは、他にもいくつかある。

ポートフォリオ・アセスメント。カリフォルニア州ナパにあるニュー・テクノロジー・ハイスクール（ＮＴＨＳ）では、ハイテク・ハイ（ＨＴＨ）と同様に、生徒が在学中の四年間にデジタル・ポートフォリオを作成し、学校のウェブサイトに公開している。ポートフォリオには生徒のプロジェクト作品、インターンシップの振り返り、教師の評価、親や仲間からのコメントが掲載されている。ＮＴＨＳの生徒のポートフォリオの例は同校のウェブサイトで閲覧できる。[c]

パワーソース。ＵＣＬＡのＣＲＥＳＳＴ研究グループが開発したこのテストは、複雑な思考スキルと判断スキルを測定する。カリフォルニア州の数学の学習基準に沿った、中学校の代数入門のテストだ。評価は物語ないしグラフィックノベル（ストーリー重視の大人向けの漫画）の形式になっている。七〇校以上で実施されてきた。[d]

国際バカロレア（ＩＢ）・ディプロマ・プログラム。二年間の学習課程で、一三〇カ国二〇〇〇校以上で利用されている。ＩＢでは科目別に創造的な知識を教え、評価する。選択式のテスト項目もあるが、オープンエンドな問題、データ分析が必要な質問、ケーススタディ、エッセイの出題も含まれている。[e]

まとめ

リバー・ブラフス高校やキールズ小学校のような創造的な学校は、従来型の学校とはかなり様子が異なります。このような学校はほぼすべてを改革しました。

- 教師の創造性を奨励し、教師同士の協働を促す**文化**がある。
- 教師に自律性を与え、創造性教育を支援する**リーダー**がいる。
- **組織構造**が異なる。教師と生徒の作業が、科目が違っても教師同士が柔軟に協働できるように構成されている。教室のデザインは多種多様で、ガイド付き即興法をサポートする時間割になっている。
- 科目ごとに創造的な知識が身についたかがわかってそれが評価されるよう、**成績評価**が拡大され掘り下げられている。

この本の随所にちりばめた事例は、どんなコミュニティにあるどんな学校でも、どんな学生にも創造性を教えられることを示しています。こうした学校では、教師が柔軟性のある授業計画を立て、クラスごとに即興的に応用するために必要な自律性を与えられています。スクールリーダーは教師に、学生一人ひとりの学習軌道が最適になるよう、単元を即興的に進める柔軟性を与えています。

しかし文化、リーダーシップ、組織構造、成績評価以上に学校に必要なのは、クラスの即興をガイドする方法を知っていて、創造的な知識を教えることに真摯に取り組む教師です。第六章では、未来の創造的な学校を作るために、あなたが他の先生方と一緒にできることをお話しします。

第六章
実践に向けて

創造的な授業では、学生が必要な教科の知識を学びます。そこは従来型の授業と同じです。ただ、学び方が大きく違っていて、**創造的な知識**を学ぶのです。ある科目で創造性を発揮するには、深く理解し、学んだことを新しい状況に応用し、過去の知識を踏まえてイノベーションを起こす下地ができる学び方をしなければなりません。従来型の授業の教え方は**浅い知識**――固定的で権威ある、ずっと変わらない事実と手続きを教えるようにできています。もちろん、ある科目をマスターするにはたくさんの事実と手続きを学ぶ必要があります。また、科目ごとの重要な事実と手続きをたくさん覚えなければ、その科目で創造性を発揮できません。全人類の知識を学生が一から再創造する必要はないわけです。創造性は先人の知恵を土台にするものですから。しかし二一世紀は、過去の知識を単純に記憶するだけでは不十分です。学生が今学んでいる知識で創造性を発揮する下地を作ってやらなければなりません。

学生が創造性を身につけるためには、教え方をほぼすべて変える必要があります。美術の授業だけ増やして、科学や数学は同じ従来の教え方を続けるわけにはいきません。学生に創造性のトレーニングだけ受けさせて、教科は浅い知識のみを学ばせ続けるわけにはいきません。浅い知識では創造的にはなれないからです。創造性には違うタイプの教科の知識が求められます。それが創造的な知識、すなわちより深い概念的理解、説明モデルを創って操作できる能力、つながりのある情報のネットワークを併せ持った知識です。創造的な知識は柔軟で応用がききます。創造的な知識は新しい考え方をし、新しいアイデアや解決策を実験し、新しい知識を構築するのを支えてくれます。

ここまで、革新的な教え方と学び方にあふれた学校の話を紹介してきました。取り上げた創造的な授業の舞台は公立校や私立校、郊外の学校やスラム街のチャータースクール、対象は裕福な家庭の子供たちから行政サービスが行き届かない家庭の子供たちまで、さまざまです。歴史、数学、第二言語学習、科学など、あらゆる科目で発揮される創造的な授業の力をお見せしてきました。こうした例ではいずれも、生徒が従来型の学校よりも効果的に科目を学んでいます。創造的な授業を受けている生徒のほうがどんなテストでも成績が良く、しかも創造性を発揮する下地ができる学び方をしています。これらの例から、創造性と州の学習基準の二者択一を迫られるわけではないとわかります。創造的な授業では両方をよりよく学べるのです。

私は最新の科学的研究をもとに、**ガイド付き即興法**という教授法を使えば、学生が最も効果的に創造的な知識を学ぶことを示してきました。ガイド付き即興法は、構成主義、グループ協働、課題解決型学習、デザイン思考、シリアスゲーム〔娯楽だけでなく教育も目的としたコンピュータゲーム〕、探索的なメイカー活動など、研究成果に基づいた多数のカリキュラムのイノベーションと近い関係にあります。ガイド付き即興法は、成果を上げているこれらのイノベーションを踏まえ、授業計画の立て方や教室の学生とどう関わるかについて、教師への実践的な助言となるのです。助言の多くは即興劇を参考に生まれています。即興パフォーマンスでは、俳優が台本なしでセリフのやりとりを創造します。観客の目の前でパフォーマンスの流れが展開します。それは予測がつきません。演者自身でさえ、次に何が起こるかわからないのです。その不確実性たるや恐るべきものでしょう！　実際、構造がまったくなければ、パフォーマンスは方向が定まらず迷走し、観客が混乱したり飽きたりしかねません。だから、俳優たちはパフォーマンスごとに指針となるルールと変更の余地をもたせた計画を作っておくのです。俳優は協力して即興を行いますが、このような緩やかな計画とルールが即興をより大きな成功に導くのです。舞台俳優もジャズミュージシャンも、即興は緩やかで変更の余地をもたせた構造にガイドされて実現することをわかっています。

column

創造性が高い教師の七つの習慣[a]

1　学生の話に耳を傾ける。学生の行動をもとにクラスの即興をガイドする。

2　考え方が柔軟である。想定外の展開や新しい情報に応じて積極的に計画を変える。

3　問題解決力がある。新しい角度から問題にアプローチできる。情報が不完全でも問題に対処するテクニックがある。あいまいで混沌とした状況でも教えられる。

4　共感力がある。他者の視点で状況を受け止めることができる。

5　ユーモアを歓迎する。愉快な状況を創り出す。アイデアや状況の面白さを認識できる。自分自身を笑える。

6　自分の思考や行動を自覚している。何に効果があるかを振り返り、次回の教え方に生かすことができる。

7　失敗を学びの機会と捉える。

創造的な授業では、学生がオープンエンドな問題を探究と実験によって探索しながら、一緒に即興を行い、自分たちで解決策を作り上げます。といっても、授業の即興はでたらめでやみくもなものではありません。学生は教師が提供する足場かけにガイドされています。学生は自分の道筋を即興的に作りながら学習軌道をたどりますが、それぞれの道筋は所定の教科知識の習得につながっているのです。

研究成果には説得力があります。学生はガイド付き即興法のほうがよりよく学習できます。詰め込み教育には効果がありません。二一世紀の学生に必要な創造的な知識を教えるなら、なおさらです。ではなぜ、こんなに多くの学校でいまだに詰め込み教育が行われているのでしょうか。詰め込み教育が根強いのは、予測がついて直線的だからだと私は思っています。そのほうが学生にとって楽です。自分が何を学習するべきかがわかっていれば、答えへの直線的でまっすぐな道筋を進めばいい。しかし学習科学では、効果的な学習は単に暗記するよりもずっと努力を要することがわかっています。また教師にとっても、ガイド付き即興法は詰め込み教育より難易度が高いのです。なぜなら「ガイド」と「即興」は常にせめぎ合う関係にあるからです。創造的な授業を行う教師は、毎日このせめぎ合いにうまく折り合いをつける熟練のプロです。創造性を教えるという難題に立ち向かう態勢ができています。創造的な教師は、台本のある直線的な授業計画よりもガイド付き即興法のほうが質の高い学習を生むことをわかっています。創造的な教師は、学生がオープンエンドな問題への創造的な解決法を生み出せるようガイドする方法を知っています。創造的な授業では、学生が自分の創造性のポテンシャルを開花させる方法で教科を学習するのです。

第一章で、今日私たちが直面している課題を述べました。**詰め込み教育**と私が呼ぶ、効果のない教授法に合わせて作られた学校が多すぎることです。こうした従来型の学校では、学生は事実と手続きを暗記させられ、記憶力をテストされます。多くの詰め込み教育の授業は、構造がしっかりしていて整然と構成されています。授業は計画通りに進められ、その日に予定された教材をカバーします。全員が同じ内容を同じ順番で学びます。そう聞くと安心となつかしさを覚えるでしょう。私たちのほとんどが通ったのはこういう学校ですから。しかし詰め込み教育に効果がないことは、たびたび研究で証明されています。学生は学んでいる内容を理解せず、なぜそれを学ぶのかもわからず、すぐに忘れてしまうのです。創造性は身につきません。

第二章では、**創造性**を**創造的な知識**をベースとした思考法と定義しました。創造的な知識とは、複雑な概念、モデル、フレームワークの深い理解です。ある科目で創造性を発揮するには、その科目の創造的な知識が必要です。詰め込み教育ではけっして創造性が教えられないのは、私が**浅い知識**と呼ぶ表層的な知識に合わせた設計になっているからです。浅い知識は固定的で融通がききません。浅い知識は区分され切り離されているからです。創造的な知識はあらゆる点で浅い知識とは異なります。表層的ではなく深いし、単純ではなく複雑だし、切り離されているのではなくつながっているし、硬直していて不変なのではなく柔軟です。創造的な知識は、新しい想定外の状況で考え行動するのを支えてくれます。創造的な知識は将来の学びの下地を作るのです。

創造的な授業は教育と学びの未来です。どの科目でも、最新の学習基準と成績評価は創造的な知識をベースにしています。科学では、次世代科学スタンダード（NGSS）が創造的な知識――**パターン**や**システムモデル**のような七つの領域横断的な概念に注目しています（第二章参照）。数学では、全米共通学力基準（CCSS）が**数学的思考**――授業で出合ったことのない新しい問題を創造的に解く能力を重視しています。歴史では、今の学生は**経時的変化**（何が変化をもたらし、その変化はどのような形をとるのか。個々の歴史的事件は時間的経過を伴う変化のパターンにどのように寄与しているのか）や**個々人の記述の対立**（同じ事件の捉え方は社会的立場によってどのように異なるのか。異なる記述にどう説明をつけ、整合させられるか）といった、広くて一般性のある概念を学ぶことを求められています。創造的な授業では学生は二一世紀のスタンダードに合わせて学ぶのです。

第三章では、研究成果に基づいた創造的な知識の教授法、**ガイド付き即興法**について述べました。学生はわかりきった解決法も答えへの明確で直線的な道筋もない、オープンエンドな問題を提示されます。教師は、学生が解決法への非直線的な道筋を即興で作りながら自分の知識を能動的に構築する自由を与えます。といっても完全に自由なわけではありません。教師によって**学習軌道**をガイドされていきます。授業中は教師も学生と一緒に即興を行い、学生一人ひとりに応じたガイドを提供します。即興の不確実性は、特に詰め込み教育の授業の予測できる直線的な流れと比較すると、ストレスフルで難しいと感じるかもしれません。先生方に即興を身につけてもらう参考として、即興劇俳優が使っているさまざまなテクニックを紹介しました。ガイド付き即興法を安心してやってもらえるよう、そのテクニックを授業で応用する方法をお見せしました。

創造的な授業では、構造と即興が常にせめぎ合う関係にあります。このせめぎ合いを私は**ティーチング・パラドックス**と呼んでいます。どうしても避けられず、しかもたった一つの正しいバランスがあるわけではないからです。カリキュラム目標、担当科目、学生、学生が学習軌道のどこにいるかによって、最も効果的なバランスはたえず変わります。第四章では、メイカースペース、科学館、課題解決型授業など、六つの学習環境でのガイド付き即興法を紹介しました。それぞれがティーチング・パラドックスに対処する際の構造と即興のバランスは異なります。しかしどの事例でも、科目、意図した学習成果、学生の理解度にふさわしいバランスになっています。

第五章では、創造的な授業を成功させている学校を紹介しました。これらの学校は、文化、リーダーシップ、組織構造、成績評価のすべてを、革新的な教え方と学び方を支援するかたちに合わせていません。従来型の詰め込み教育の学校はそのような設計になっていないため、多くは抜本的な変革を行う必要があるでしょう。ここでは変革に成功した学校の例を挙げ、創造的な授業を行う教師を支える学校の文化と組織構造について説明しています。

この変革で教師は重要な役割を果たせます。しかし一人だけではできません。学校の変革は共同作業です。教師が創造性教育をめざす真摯な思いを共有して力を合わせた時、創造的な授業を支える新しい学校の文化と組織構造を築けるのです。キールズ小学校（第五章）のような革新的な学校では、教師が常に協力し合い、お互いの教え方をよく参考にしています。教師がお互いの授業を見学すると、教え方が向上して学生の学びの質が上がる——このことは、マイアミデイド郡公立学校（ＭＤＣＰＳ）の九〇〇名の教師を対象とした二〇一五年の調査で明らかにされています。調査では、教師同士の協働が多いほど、またうまくいっているほど、生徒の学習効果が高まることがわかりました。教師が自分たちの協力関係は「徹底して」いて「助けられている」と回答した場合に、生徒のテストの得点は最も高かったのです。協働する文化がない学校と比べ、教師が年々能力を向上させているという結果も出ました。[1]

世界的にも、きわめて優秀な学校では教師同士の協働が成功の鍵となっています。学生が国際テストで最高得点を取っている国々では、教師がお互いの教え方を見学している傾向が高いのです。[2] 例えば、日本、中国、オーストラリア、ニュージーランドでは**授業研究**（レッスン・スタディ）という協働の慣行が広く行われています。授業研究では、教師が一緒に新しい授業計画を立てます。そして一人が新しい授業計画を実践する様子を皆で見学します。その後反省会を行い、何がうまくいったか、新しい授業の設計をどのように改善できるかを話し合います。[3] 教師同士で協力すれば、全員の授業が創造的な学習を促す効果を高めていきます。ティーチング・パラドックスのバランスを効果的に取った指導戦略や授業計画を共有するからです。実験をし、失敗しても隠しません。うまくいったこと、いかなかったことを教え合います。他の先生方と協働して、革新的な二一世紀の学校を作っているのです。

　創造的な授業では、学生が自分の学んでいる内容を理解します。新しい問題に取り組むときは創造的に考え、新しい状況に自分の知識を応用します。自分が学んだことの一歩先に踏み出す下地ができるのです。創造的な授業では、創造性を発揮することを学ぶと同時に、学習基準で求められている教科の知識を学びます。創造的な知識に重点を置いた新しい成績評価で力を出せるようになります。いずれ世界を変える、創造的な貢献ができる人間になれるのです。

謝辞

まずはティーチャーズ・カレッジ・プレスで私を担当してくれた編集者のエミリー・スパングラーに最大の感謝を捧げたい。エミリーには大変お世話になった。今回の本作りは、研究成果は先生方が創造性を教えるのに役立つはずという私たち二人の信念から始まった。最初は本書の構想を固めて企画書を書くにあたって、彼女との話し合いに助けられた。執筆中は、まだまだ荒削りの段階だった原稿に目を通し、鋭いコメントをしてくれたおかげでベストな方向に書き進めることができた。ほぼ完成に近づいた原稿を送るとじっくり精読し、文章に磨きをかけ的確にするための具体的なアドバイスをしてくれた。

ティーチャーズ・カレッジ・プレスの制作チーム、ロリ・テイト、カール・ナイバーグ、コピーエディターのキャシー・ケイヴニーにもすばらしい仕事をしていただいた。原稿を本に仕上げるまでのたくさんの段階を経るプロジェクトを導いてくれた。ジョイ・ミザンには広報を担当していただいた。彼女の手腕のおかげで、この本の情報はおそらくあなたの耳にも届いていたのではないだろうか。

二〇一八年秋学期の博士課程ゼミ「学習科学入門」の一四名の教え子たちにもお礼を伝えたい。前半の章の原稿を読み、実のある貴重な意見をくれた。以下にお名前を挙げさせていただく。アンドリュー・チン、ボゲウン・チョイ、サマンサ・カラム、ダニエル・ディンキンス、アレックス・ホッピ、マシュー・ハチンソン、サラ・ラセッター、リア・メトカルフ、キャリー・ムーア、ローラ・ショクイスト、クリスティ・スタウト、ケルシー・ヴァン・ダイク、ジジュン・ウェン、ジアン・シャオ。

大学生を二〇年間教える中で、ガイド付き即興法で効果的に教えるためにたくさんの試行錯誤をした。最初の数年間は教えるのと同じだけ学生から教わった。私が新しい教え方を学ぶ一方で、教え子たちも新しい学び方を学んでいた。私が教えることのパラドックスにどうすればもっとうまく折り合いをつけられるかについて、包み隠さず正直なフィードバックをしてくれた彼らには本当に感謝している。

教育イノベーション基金にモーガン特別教授職を作り、本書をサポートしてくださったミュゼット・モーガンとアレン・モーガンご夫妻にもお礼申し上げる。二〇一八年夏に執筆ができたのはこの寛大なお取り計らいのおかげである。

20. Darling-Hammond et al., 2008, pp. 200–204.

a. 以下より修正して引用．Schrek, 2009, p. 126.

b. Bransford et al., 2005, p. 71; Bransford & Schwartz, 1999.

c. /www.newtechhigh.org/portfolio

d. Silva, 2009.

e. International Baccalaureate Organization, 2004.

第六章

1. Ronfeldt, Farmer, McQueen, & Grissom, 2015.

2. Ripley, 2013, p. 216.

3. Watanabe, 2002.

a. Schrek, 2009, pp. 102–103; Costa & Kallick, 2008, pp. 395–401 を参考にした．

Y. A. Dimitriadis, in A. Jimoyiannis (Ed.), *Research on E-Learning and ICT in Education* (p. 79), 2012, New York, NY: Springer.

f. Shechtman & Knudsen, 2011.

g. 数学の論証スキルと創造的な知識に関する研究の情報源は，National Council of Teachers of Mathematics（2000-2004）で見つかる．Kilpatrick, Swafford, and Findell（2001）は，学生が数学的な推測を行ってその妥当性を正当化する時，概念的理解，手続き的流暢さ，方略的能力，適応的推論，生産的傾向性といった数学における創造的な知識をより多く学ぶことを示している．

第五章

1. Sawyer, 2017.
2. Brown et al., 2014.
3. Kind & Kind, 2007.
4. Agarwal, 2001.
5. sccompetes.org/transformsc/
6. Robinson & Aronica, 2015, pp. 229–230.
7. Robinson & Aronica, 2015, pp. 227 passim; South Carolina Innovation Initiative Steering Team, 2012.
8. Schrek, 2009.
9. 同上，p. 13
10. Robinson & Aronica, 2015, pp. 128–129.
11. Nair, 2014.
12. Pearlman, 2002, 2004.
13. Kaufman, Plucker, & Baer, 2008; Sawyer, 2012.
14. Silva, 2009, p. 632.
15. Ripley, 2013.
16. Government Accounting Office, 2003.
17. Silva, 2009.
18. Ripley, 2013.
19. Grossman, Schoenfeld, & Lee, 2005, p. 221.

25. Halverson & Sheridan, 2014.

26. Stevens et al., 2018.

27. www.fusestudio.net

28. Dimitriadis, 2012.

29. Stahl, Koschmann, & Suthers, 2014.

30. オーケストレーション・スクリプトに関する研究は，以下の文献を参照のこと．Dillenbourg, Järvelä, & Fischer, 2009; Fischer & Dillenbourg, 2006; Prieto, Dlab, et al., 2011. スペインにおける研究調査の具体的な情報源には以下のものがある．Dimitriadis, 2012; Prieto, Dlab, et al., 2011. これらの論文は，ガイド付き即興法に関連するさまざまな概念を取り上げている．例えば「反復するルーティン」，計画されたルーティンと「実演ルーティン」の比較，「フォーミュレイック即興〔ジャズ用語でさまざまな要素を組み合わせてソロを発展させる手法〕」，「パラフレーズ即興〔ジャズ用語で一つのメロディーをさまざまな形に変奏する手法〕」など．

31. Dimitriadis, 2012.

32. 同上．

33. Prieto, Villagrá-Sobrino, et al., 2011, p. 1224; Prieto, Dlab, Gutiérrez, Abdulwahed, & Balid, 2011 も参照．

34. Prieto, Villagrá-Sobrino, et al., 2011.

35. Bransford, Derry, Berliner, Hammerness, & Beckett, 2005.

36. Boote, 2004; Tsui, 2003.

37. Shulman, 1987.

38. Feiman-Nemser & Buchmann, 1986; Shulman, 1987.

39. Sawyer, 2011b.

40. Beghetto, 2009.

a. 以下より修正して引用．"Towards a Design Theory of Problem Solving," by D. H. Jonassen, 2000, *Educational Technology, Research, and Development*, 48(4), pp. 63–85.

b. Davidson, 2017.

c. Darling-Hammond et al., 2008, pp. 40–41.

d. 以下の文献より引用．*The ABCs of How We Learn: 26 Scientifically Proven Approaches, How They Work, and When to Use Them* (p. 157), by D. L. Schwartz, J. M. Tsang, and K. P. Blair, 2016, New York, NY: Norton.

e. 以下より引用．"Supporting Teachers in Orchestrating CSCL Classrooms," by

c. 以下より引用. "The Evolution of Design Studies as Methodology" by J. Confrey, in R.K. Sawyer (Ed.), *The Cambridge Handbook of the Learning Sciences*, 2006 (pp. 135-151), New York, NY: Cambridge.

第四章

1. Kind & Kind, 2007.
2. Berliner, 1987; Leinhardt & Greeno, 1986.
3. Borko & Livingston, 1989; Brown & Edelson, 2001; Erickson, 1982; Gershon, 2006; Mehan, 1979; Simon, 1995; Yinger, 1987.
4. Berliner, 1987; Leinhardt & Greeno, 1986.
5. Krajcik & Shin, 2014.
6. Sawyer, 2018b.
7. Sawyer, 2018b, p. 156.
8. Darling-Hammond et al., 2008, p. 42.
9. Xin et al., 2017.
10. Israel, Maynard, & Williamson, 2013; National Science Foundation, NCSES, 2013.
11. Belland, Walker, & Kim, 2017.
12. Cole, 2009; Sawyer, 2015.
13. Serrell, 1996.
14. EdVenture, 2017.
15. 同上, p.11
16. www.scrapexchange.org
17. ccee.unc.edu/summercamp/
18. Abrahamson & Lindgren, 2014.
19. Winne & Azevedo, 2014.
20. Pfaffman, 2003.
21. Järvelä & Renninger, 2014.
22. Pfaffman, 2003.
23. www.exploratorium.edu/tinkering/
24. Petrosino, 1998; Schwartz, Tsang, & Blair, 2016, p. 157 も参照.

21. Lampert, Rittenhouse, & Crumbaugh, 1996.
22. Kuhn, 2015; Pai, Sears, & Maeda, 2015; Phelps & Damon, 1989.
23. Forman & Cazden, 1985; Hicks, 1995; Palincsar, 1998; Rogoff, 1998; Tudge & Rogoff, 1989; Verba, 1994; Wells & Chang-Wells, 1992.
24. Bearison, Magzamen, & Filardo, 1986; Doise & Mugny, 1984; Perret-Clermont, 1980.
25. 例：Azmitia, 1996.
26. Kuhn, 2015.
27. Sawyer, 2003.
28. Dahn, Enyedy, & Danish, 2018.
29. Cazden, 2001.
30. 同上.
31. Barnes & Rosen, 1969, p. 24.
32. Paley, 1981, pp. 25–26.
33. Allen, 1992; Cazden, 2001, p. 84.
34. Sawyer, 2003.
35. Sawyer, 2003, 2004a, 2015.
36. Housner & Griffey, 1985.
37. Borko & Livingston, 1989; Erickson, 1982; Mehan, 1979. 構造と台本のバランスが取れている時にクラスの相互作用が最も効果を上げることを発見した研究は数多い．以下に挙げる．Baker-Sennett & Matusov, 1997; Borko & Livingston, 1989; Brown & Edelson, 2001; Erickson, 1982; Mehan, 1979; Rogoff, 1998; Simon, 1995; Yinger, 1987.
38. Confrey, 2006; Cooper et al., 2015, p. 281; Daro, Mosher, & Corcoran, 2011.
39. Creason, 2017 にて引用.
40. Lasseter, 私信.
41. Scott et al., 2004.

a. ここに挙げた学生の創造性をサポートする教師の行動は，以下をはじめ多数の研究による成果を集約したものである．Craft, 2005; Cropley, 1997; Feldhusen & Treffinger, 1980; Fleith, 2000; Piirto, 2004; Rejskind, 2000; Sawyer, 2012; Sternberg & Williams, 1996; Torrance, 1965, 1970.

b. Wagner, 2012a, pp. 142–143.

第三章

1. Berliner & Tikunoff, 1976; Borko & Livingston, 1989. 教師の熟練技術に関する他の多くの研究でも，ベテラン教師のほうが即興を行う度合いが高いことがわかっている.（例：Nilssen, Gudmundsdottir, & Wangsmo-Cappelen, 1995; Sassi & Goldsmith, 1995; Sassi, Morse, & Goldsmith, 1997）.
2. Bransford, Brown, & Cocking, 2000; Spiro, Feltovich, Jacobson, & Coulson, 1991.
3. ガイド付き即興法が最も優れた教え方であることを示す研究をまとめた書籍には他に *Applying the Science of Learning*（Mayer, 2010）と *Education for Life and Work: Developing Transferable Knowledge and Skills in the 21st Century*（Pellegrino & Hilton, 2012）がある.
4. Kilpatrick, Swafford, & Findell, 2001; National Council of Teachers of Mathematics, 2000–2004.
5. National Academy of Engineering, 2013.
6. National Research Council, 1996.
7. DeZutter, 2011.
8. Scott, Leritz, & Mumford, 2004, pp. 380–381.
9. Brennan, 2012.
10. Prieto, Villagrá-Sobrino, Jorrín-Abellán, Martínez-Monés, & Dimitriadis, 2011, p. 1225.
11. www.secondcity.classes/chicago/improv-for-creative-pedagogy/
12. eastsideinstitute.org/the-developing-teachers-fellowship-program/
13. Lobman, 2011; Lobman & Lundquist, 2007 も参照のこと.
14. Berliner, 1994.
15. Owens, 1974.
16. Davis & Miyake, 2004; Reiser & Tabak, 2014.
17. Yinger, 1987, p. 44.
18. Sawyer, 2003.
19. Davis, 2017, p. 164n1.
20. 参照：Gershon, 2006; Smith, 1979, p. 33. 最も優れた教師がグループ即興でクラスをガイドすることを示す研究には以下のものがある. Bearison, Magzamen, & Filardo, 1986; Cobb, 1995; Doise & Mugny, 1984; Perret-Clermont, 1980.

34. Sawyer, 2018a.
35. Brown et al., 2014.
36. Yinger, 1987, pp. 40–43.
37. Halmos, 1968, p. 389.
38. Knudsen & Shechtman, 2017, pp. 177–178.
39. 最も影響力のある報告書をいくつか挙げる．*Next Generation Science Standards* (NGSS Lead States, 2013); *Successful K–12 STEM Education* (National Research Council, 2011); *A Framework for K–12 Science Education* (National Research Council, 2012); *The Opportunity Equation* (Carnegie Corporation of New York, 2009).
40. 例：National Research Council, 2012; NGSS Lead States, 2013.
41. National Research Council, 2012, pp. 83–102.
42. 私信，2018.
43. King & Kitchener, 1994.
44. Spear, 1984, p. 7.
45. Voss & Carretero, 1998.
46. Wertsch, 2002.
47. Sawyer, 2012, pp. 58–60.
48. Baer, 1996.
49. Kaufman, 2002.
50. Anderson & Krathwohl, 2001; Bloom et al., 1956.
51. Anderson & Krathwohl, 2001, pp. 287–294.
52. Krathwohl, 1994, pp. 182, 191.
53. Agarwal, 2019.
54. Pellegrino & Hilton, 2012.

a. 出所：Schwartz & Martin, 2004, p.176.
b. Adams, 2001, p. 24.
c. Singapore Ministry of Education, 2005, 2015; Tan, Tan, & Chua, 2008; Trilling & Fadel, 2009.
d. NGSS Lead States, 2013, p. 49.
e. Bloom, Engelhart, Furst, Hill, & Krathwohl, 1956, p. 29.

9. 例：Wiggins & McTighe, 2005.
10. 『ニューヨーク・タイムズ』1999 年 12 月 13 日付，p.D2 からの引用．Wiggins & McTighe, 2005 で引用されていたもの．
11. Schwartz & Martin, 2004. シュウォーツとマーティンはこの教授法を「学習準備のための発明（inventing to prepare for learning, IPL）」と呼び，次のように述べている．「正解が一つしかない教材の場合のように成功に続く狭い道筋を構築するのではなく，IPL は収拾のつかない状態に陥らずにさまざまな変化を試せる広い道筋を提供することを意図している．［中略］IPL の教材は教え方に柔軟性を持たせることを意図しているのだ」（pp. 145–146）．
12. Schwartz & Martin, 2004, p. 138.
13. 同上，p. 145.
14. 同上，p. 175.
15. 同上，p. 179.
16. 同上，pp. 158, 161.
17. 同上，p. 184.
18. 同上，pp. 158, 162.
19. Shulman, 1999, p. 13.
20. Sahlberg, 2011.
21. OECD, 2008.
22. Ripley, 2013.
23. Stigler, Gonzales, Kawanaka, Knoll, & Serrano, 1999.
24. Vogel, 1996.
25. Cooper et al., 2015, p. 281; President's Council of Advisors on Science and Technology (PCAST), 2012 も参照のこと．
26. Schmidt & McKnight, 1997.
27. Sahlberg, 2011.
28. Bronson & Merryman, 2010, p. 47.
29. Sawyer, 2013.
30. Moore, 1985. ムーアの研究は油絵の修士課程の学生を対象とした先行研究（Getzels & Csikszentmihalyi, 1976）を再現したものだった．
31. Schwartz & Martin, 2004.
32. Kapur, 2008.
33. Wallis, 2017.

Mayer-Smith, & Moon, 1998.

12. DeZutter, 2008.

13. McCain, Jukes, & Crockett, 2010; Varian & Lyman, 2003.

14. 「より深い学習」については Pellegrino & Hilton, 2012 を参照.

15. Hetland & Winner, 2004.

16. Mayer, 2010; Pellegrino & Hilton, 2012.

17. Olson, 2003.

18. 例：Cochrane-Smith & Lytle, 1999; Darling-Hammond, 1997; Ingersoll, 2003.

19. Creason, 2017.

20. Wagner, 2012a, p.161.

21. 同上, pp.162-163.

a. www.olin.edu; Wagner, 2012a, 本書第五章も参照.

b. engineering.purdue.edu/ENE

c. Schrek, 2009, p.65.

第二章

1. DeZutter, 2008; Mack, 1987.

2. Schacter, Thum, & Zifkin, 2006.

3. Sawyer, 2012.

4. 私のいう「創造的な知識」は学習科学者が使う他の用語や概念，例えば深い学習，パワフル・ラーニング（Darling-Hammond et al., 2008），三次元的学習（National Research Council, 2014）と密接に関連している．本章が基にした研究の多くは，これらの用語や概念を使う研究者によって行われた．

5. Lehrer & Schauble, 2006.

6. Gobet et al., 2001.

7. Pellegrino & Hilton, 2012.

8. 例：Schwartz, Bransford, & Sears, 2006.

原注

序文

1. Drucker, P. (1969). *The age of discontinuity*. New York, NY: Harper & Row.
2. Korn, M. (2018, October 26). Some 43% of college grads are underemployed in first job. *The Wall Street Journal*. www.wsj.com/articles/study-offers-new-hope-for-english-majors-1540546200

第一章

1. Brown, Roediger, & McDaniel, 2014.
2. Chen & Yang, 2019; Lamb, 2003; Thomas, 2000.
3. 例：Bransford, Brown, & Cocking, 2000; Darling-Hammond et al., 2008; Mayer & Alexander, 2011; Pellegrino & Hilton, 2012; Sawyer, 2014.
4. 設問は Wiggins & McTighe, 2005, p.42 から引用.
5. Wiggins & McTighe, 2005, pp.42-43.
6. 同上, pp.43-45.
7. 例：Partnership for 21st Century Skills, 2019; Pink, 2005; Trilling & Fadel, 2009; Wagner, 2012a. こうした変化に関する研究は以前から多数あり，教えることおよび学校教育へのインプリケーションには次のようなものがある. Bell, 1973; Drucker, 1994; Florida, 2002; Friedman, 2005; The Secretary's Commission on Achieving Necessary Skills (SCANS), 1991.
8. 当初発表した論文では，私はこの教授法を「規律ある即興法（disciplined improvisation)」と呼んでいた（Sawyer, 2004a, 2004b, 2011b）. 本書では呼称を改め「ガイド付き即興法（guided improvisation)」とした.「規律ある」という言葉に教師の権威という含みを読み取ってしまう読者が多いと知ったためだ. なんといっても「discipline（規律に服させる）」は「punish（懲罰を与える）」の同義語である. 一部の読者からは物理「学科（discipline)」のような科目を指すと読めるとの指摘もあった.
9. Sawyer, 2011a.
10. Weber & Mitchell, 1995.
11. Donaldson, 2018; Patrick & Pintrich, 2001; Richardson, 1996; Wideen,

Wagner, T. (2012b, Saturday/Sunday April 14/15). Educating the next Steve Jobs. *Wall Street Journal*, p. C2.

Wallis, C. (2017, July 26). To err is human—and a powerful prelude to learning. *The Hechinger Report*. hechingerreport.org/getting-errors-all-wrong/

Watanabe, T. (2002). Learning from Japanese Lesson Study. *Educational Leadership*, 59(6), 36–39.

Weber, S., & Mitchell, C. (1995). T*hat's funny you don't look like a teacher! Interrogating images, identity, and popular culture*. New York, NY: Routledge.

Wells, G., & Chang-Wells, G. L. (1992). *Constructing knowledge together: Classrooms as centers of inquiry and literacy*. Portsmouth, NH: Heinemann.

Wertsch, J. V. (2002). *Voices of collective remembering*. New York, NY: Cambridge University Press.

Whitehead, A. N. (1929). *The aims of education and other essays*. New York, NY: Free Press. 〔A・N・ホワイトヘッド著『教育の目的』森口兼二、橋口正夫訳、松籟社、1986 年〕

Wideen, M., Mayer-Smith, J., & Moon, B. (1998). A critical analysis of the research on learning to teach: Making the case for an ecological perspective on inquiry. *Review of Educational Research*, 68(2), 130–178.

Wiggins, G., & McTighe, J. (2005). *Understanding by design* (2nd ed.). Washington, DC: Association for Supervision and Curriculum Development. 〔G・ウィギンズ、J・マクタイ著『理解をもたらすカリキュラム設計――「逆向き設計」の理論と方法』西岡加名恵訳、日本標準、2012 年〕

Winne, P. H., & Azevedo, R. (2014). Metacognition. In R. K. Sawyer (Ed.), *Cambridge handbook of the learning sciences* (2nd ed., pp. 63–87). New York, NY: Cambridge University Press. 〔R・K・ソーヤー編『学習科学ハンドブック［第二版］――第 2 巻：効果的な学びを促進する実践／共に学ぶ』望月俊男・益川弘如編訳、大島純・森敏昭・秋田喜代美・白水始監訳、北大路書房、2016 年〕

Xin, Y. P., Tzur, R., Hord, C., Liu, J., Park, J. Y., & Si, L. (2017). An intelligent tutor-assisted mathematics intervention program for students with learning disabilities. *Learning Disability Quarterly, 40*, 4–16.

Yinger, R. J. (1987, April). *By the seat of your pants: An inquiry into improvisation and teaching*. The American Educational Research Association, Washington, DC の年次総会にて発表された論文.

Halverson, R. (2018, June). *Exploring the adoption, spread, and sustainability of an informal STEAM learning innovation in schools*. The 13th International Conference of the Learning Sciences (ICLS), London, United Kingdom にて発表された論文.

Stigler, J. W., Gonzales, P., Kawanaka, T., Knoll, S., & Serrano, A. (1999). *The TIMSS videotape classroom study* (NCES 99-074). Washington, DC: U.S. Department of Education, Office of Educational Research and Improvement. nces.ed.gov/pubs99/1999074.pdf

Tan, K., Tan, C., & Chua, J. (2008). Innovation in education: The "Teach Less, Learn More" initiative in Singapore schools. In J. E. Larkley & V. B. Maynhard (Eds.), *Innovation in education* (pp. 153–171). Hauppage, NY: Nova Science.

Thomas, J. W. (2000). *A review of research on project based learning*. Novato, CA: Buck Institute for Education.

Torrance, E. P. (1965). *Rewarding creative behavior: Experiments in classroom creativity*. Englewood Cliffs, NJ: Prentice-Hall.

Torrance, E. P. (1970). *Encouraging creativity in the classroom*. Dubuque, IA: W. C. Brown.

Trilling, B., & Fadel, C. (2009). *21st century skills: Learning for life in our times*. San Francisco, CA: Jossey-Bass.

Tsui, A.B.M. (2003). *Understanding expertise in teaching: Case studies of second language teachers*. New York, NY: Cambridge University Press.

Tudge, J., & Rogoff, B. (1989). Peer influences on cognitive development: Piagetian and Vygotskian perspectives. In M. Bornstein & J. Bruner (Eds.), *Interaction in cognitive development* (pp. 17–40). Hillsdale, NJ: Erlbaum.

Varian, H., & Lyman, P. (2003). *How much information?* groups.ischool.berkeley.edu/archive/how-much-info-2003/

Verba, M. (1994). The beginnings of collaboration in peer interaction. *Human Development, 37*, 125–139.

Vogel, G. (1996). Global review faults U.S. curricula. *Science*, 274(5286), 335.

Voss, J. F., & Carretero, M. (Eds.). (1998). *Learning and reasoning in history: International review of history education, Vol. 2*. New York, NY: Routledge Falmer.

Wagner, T. (2012a). *Creating innovators: The making of young people who will change the world*. New York, NY: Simon & Schuster. 〔トニー・ワグナー著『未来のイノベーターはどう育つのか——子供の可能性を伸ばすもの・つぶすもの』藤原朝子訳、英治出版、2014 年〕

Shechtman, N., & Knudsen, J. (2011). Bringing out the playful side of mathematics: Using methods from improvisational theater in professional development for urban middle school math teachers. In C. Lobman & B. E. O'Neill (Eds.), *Play and performance: Play & culture studies, Vol. 11* (pp. 94–116). Lanham, MD: University Press of America.

Shulman, L. S. (1987). Knowledge and teaching: Foundations of the new reform. *Harvard Educational Review, 57*(1), 1–22.

Shulman, L. S. (1999). Taking learning seriously. *Change, 31*(4), 10–17.

Silva, E. (2009). Measuring skills for 21st-century learning. *Phi Delta Kappan, 90*(9), 630–634.

Simon, M. A. (1995). Reconstructing mathematics pedagogy from a constructivist perspective. *Journal for Research in Mathematics Education, 26*(2), 114–145.

Singapore Ministry of Education. (2005). *Engaging our learners: Teach less, learn more.* https://eresources.nlb.gov.sg/printheritage/detail/dbe9f1f3-efcb-4bce-917b-1040e95ea179.aspx

Singapore Ministry of Education. (2015). *Nurturing students.* www.moe.gov.sg/education/education-system/nurturing-students

Smith, R. A. (1979). Is teaching really a performing art? *Contemporary Education, 51*(1), 31–35.

South Carolina Innovation Initiative Steering Team. (2012). *Report and recommendations.* sccompetes.org/project/innovation-initiative-steering committee-report-and-recommendations/

Spear, K. (Ed.) (1984). Editor's notes. In K. Spear (Ed.), *Rejuvenating introductory courses* (pp. 1–9). San Francisco, CA: Jossey-Bass.

Spiro, R. J., Feltovich, P. J., Jacobson, M. J., & Coulson, R. L. (1991). Cognitive flexibility, constructivism, and hypertext: Random access instruction for advanced knowledge acquisition in ill-structured domains. *Educational Technology*, 31(5), 24–33.

Stahl, G., Koschmann, T., & Suthers, D. D. (2014). Computer-supported collaborative learning. In R. K. Sawyer (Ed.), *The Cambridge handbook of the learning sciences* (2nd ed., pp. 479–500). New York, NY: Cambridge University Press.〔R・K・ソーヤー編『学習科学ハンドブック［第二版］――第 2 巻：効果的な学びを促進する実践／共に学ぶ』望月俊男・益川弘如編訳、大島純・森敏昭・秋田喜代美・白水始監訳、北大路書房、2016 年〕

Sternberg, R. J., & Williams, W. M. (1996). *How to develop student creativity.* Alexandria, VA: Association for Supervision and Curriculum Development.

Stevens, R., Ramey, K., Meyerhoff, P., Hilppö, J., Kumpulainen, K., Kajamaa, A., . . .

学ぶ』望月俊男・益川弘如編訳、大島純・森敏昭・秋田喜代美・白水始監訳、北大路書房、2016 年〕

Sawyer, R. K. (2015). A call to action: The challenges of creative teaching and learning. *Teachers College Record*, 117(10), 1–34.

Sawyer, R. K. (2017). *Group genius: The creative power of collaboration* (2nd ed.). New York, NY: BasicBooks.〔キース・ソーヤー著『凡才の集団は孤高の天才に勝る――「グループ・ジーニアス」が生み出すものすごいアイデア』金子宣子訳、ダイヤモンド社、2009 年〕

Sawyer, R. K. (2018a). The role of failure in learning how to create. *Thinking Skills and Creativity*. doi.org/10.1016/j.tsc.2018.08.002

Sawyer, R. K. (2018b). Teaching and learning how to create in schools of art and design. *Journal of the Learning Sciences*, 27(1), 137–181.

Schacter, J., Thum, Y. M., & Zifkin, D. (2006). How much does creative teaching enhance elementary students' achievement? *Journal of Creative Behavior*, 40(1), 47–72.

Schmidt, W. A., & McKnight, C. C. (1997). *A splintered vision: An investigation of U.S. science and mathematics education*. Dordrecht, The Netherlands: Kluwer Academic.

Schrek, M. K. (2009). *Transformers: Creative teachers for the 21st century*. Thousand Oaks, CA: Corwin.

Schwartz, D. L., Bransford, J. D., & Sears, D. A. (2006). Efficiency and innovation in transfer. In J. P. Mestre (Ed.), *Transfer of learning from a modern multidisciplinary perspective* (pp. 1–51). Greenwich, CT: Information Age.

Schwartz, D. L., & Martin, T. (2004). Inventing to prepare for future learning: The hidden efficacy of encouraging original student production in statistics instruction. *Cognition and Instruction*, 22(2), 129–184.

Schwartz, D. L., Tsang, J. M., & Blair, K. P. (2016). *The ABCs of how we learn: 26 scientifically proven approaches, how they work, and when to use them*. New York, NY: Norton.

Scott, G., Leritz, L. E., & Mumford, M. D. (2004). The effectiveness of creativity training: A quantitative review. *Creativity Research Journal*, 16(4), 361–388.

The Secretary's Commission on Achieving Necessary Skills (SCANS). (1991). *What work requires of schools: A SCANS report for America 2000*. Washington, DC: U.S. Department of Labor. eric.ed.gov/?id=ED332054

Serrell, B. (1996). *Exhibit labels: An interpretive approach*. Walnut Creek, CA: Alta Mira Press.

アロニカ著『CREATIVE SCHOOLS――創造性が育つ世界最先端の教育』岩木貴子訳、東洋館出版社、2019 年〕

Rogoff, B. (1998). Cognition as a collaborative process. In D. Kuhn & R. S. Siegler (Eds.), *Handbook of child psychology: Vol. 2. Cognition, perception, and language* (5th ed., pp. 679–744). New York, NY: Wiley.

Ronfeldt, M., Farmer, S. O., McQueen, K., & Grissom, J. A. (2015). Teacher collaboration in instructional teams and student achievement. *American Educational Research Journal*, 52(3), 475–514.

Sahlberg, P. (2011). *Finnish lessons: What can the world learn from educational change in Finland?* New York, NY: Teachers College Press.

Sassi, A. M., & Goldsmith, L. T. (1995, October). *Beyond recipes and behind the magic: Mathematics teaching as improvisation*. The North American Chapter of the International Group for the Psychology of Mathematics Education (PME-NA), Columbus, OH の年次総会にて発表された論文. eric.ed.gov/?id=ED389614

Sassi, A. M., Morse, A., & Goldsmith, L. T. (1997, March). *What makes for a good beginning? Improvising in an elementary mathematics teacher inquiry group*. The American Educational Research Association, Chicago, IL の年次総会にて発表された論文.

Sawyer, R. K. (2003). *Improvised dialogues: Emergence and creativity in conversation*. Westport, CT: Ablex/Greenwood.

Sawyer, R. K. (2004a). *Creative teaching: Collaborative discussion as disciplined improvisation. Educational Researcher, 33*(2), 12–20.

Sawyer, R. K. (2004b). Improvised lessons: Collaborative discussion in the constructivist classroom. *Teaching Education, 15*(2), 189–201.

Sawyer, R. K. (Ed.) (2011a). *Structure and improvisation in creative teaching*. Cambridge, United Kingdom: Cambridge University Press.

Sawyer, R. K. (2011b). What makes good teachers great? The artful balance of structure and improvisation. In R. K. Sawyer (Ed.), *Structure and improvisation in creative teaching* (pp. 1–24). New York, NY: Cambridge University Press.

Sawyer, R. K. (2012). *Explaining creativity: The science of human innovation* (2nd ed.). New York, NY: Oxford University Press.

Sawyer, R. K. (2013). *Zig zag: The surprising path to greater creativity*. San Francisco, CA: Jossey-Bass.

Sawyer, R. K. (Ed.). (2014). *The Cambridge handbook of the learning sciences* (2nd ed.). New York, NY: Cambridge University Press.〔R・K・ソーヤー編『学習科学ハンドブック［第二版］――第 2 巻：効果的な学びを促進する実践／共に

computer-based instruction（未発表の博士論文）. Vanderbilt University, Nashville, TN.

Phelps, E., & Damon, W. (1989). Problem solving with equals: Peer collaboration as a context for learning mathematics and spatial concepts. *Journal of Educational Psychology*, 81, 639-646.

Piirto, J. (2004). *Understanding creativity*. Scottsdale, AZ: Great Potential Press.

Pink, D. H. (2005). *A whole new mind: Why right-brainers will rule the future*. New York, NY: Riverhead Books.〔ダニエル・ピンク著『ハイ・コンセプト――「新しいこと」を考え出す人の時代』大前研一訳、三笠書房、2006 年〕

President's Council of Advisors on Science and Technology (PCAST). (2012). Engage to excel: Producing one million additional college graduates with degrees in science, technology, engineering, and mathematics. Washington, DC: Executive Office of the President. files.eric.ed.gov/fulltext/ED541511.pdf

Prieto, L. P., Dlab, M. H., Gutiérrez, I., Abdulwahed, M., & Balid, W. (2011). Orchestrating technology-enhanced learning: A literature review and a conceptual framework. *International Journal of Technology Enhanced Learning*, 3(6), 583-598.

Prieto, L. P., Villagrá-Sobrino, S., Jorrín-Abellán, I. M., Martínez-Monés, A., & Dimitriadis, Y. (2011). Recurrent routines: Analyzing and supporting orchestration in technology-enhanced primary classrooms. *Computers & Education*, 57, 1214-1227.

Reiser, B. J., & Tabak, I. (2014). Scaffolding. In R. K. Sawyer (Ed.), *The Cambridge handbook of the learning sciences* (2nd ed., pp. 44-62). New York, NY: Cambridge University Press.〔R・K・ソーヤー編『学習科学ハンドブック［第二版］――第 2 巻：効果的な学びを促進する実践／共に学ぶ』望月俊男・益川弘如編訳、大島純・森敏昭・秋田喜代美・白水始監訳、北大路書房、2016 年〕

Rejskind, G. (2000). TAG teachers: Only the creative need apply. *Roeper Review*, 22(3), 153-157.

Richardson, V. (1996). The role of attitudes and beliefs in learning to teach. In J. Sikula, T. J. Buttery, & E. Guyton (Eds.), *Handbook of research on teacher education* (2nd ed., pp. 102-119). New York, NY: MacMillan.

Ripley, A. (2013). *The smartest kids in the world and how they got that way*. New York, NY: Simon & Schuster.〔アマンダ・リプリー著『世界教育戦争――優秀な子供をいかに生み出すか』北和丈訳、中央公論新社、2014 年〕

Robinson, K., & Aronica, L. (2015). *Creative schools: The grassroots revolution that's transforming education*. New York, NY: Penguin.〔ケン・ロビンソン、ルー・

lesson. The American Educational Research Association, San Francisco, CA の年次総会にて発表された論文．eric.ed.gov/?id=ED390853

OECD. (2008). *Innovating to learn, learning to innovate*. Paris, France: Author.

Olson, D. R. (2003). *Psychological theory and educational reform*. New York: Cambridge University Press.

Owens, T. (1974). *Charlie Parker: Techniques of improvisation*（未発表の博士論文）. University of California, Los Angeles, CA.

Pai, H., Sears, D. A., & Maeda, Y. (2015). Effects of small-group learning on transfer: A meta-analysis. *Educational Psychology Review*, 27(1), 79–102.

Paley, V. G. (1981). *Wally's stories*. Cambridge: Harvard University Press.〔ヴィヴィアン・ペィリー著『ウォーリーの物語――幼稚園の会話』卜部千恵子訳、世織書房、1994 年〕

Palincsar, A. S. (1998). Social constructivist perspectives on teaching and learning. In J. T. Spence, J. M. Darley, & D. J. Foss (Eds.), *Annual Review of Psychology* (Vol. 49, pp. 345–375). Palo Alto, CA: Annual Reviews.

Partnership for 21st Century Skills. (2019). Framework for 21st century learning. static.battelleforkids.org/documents/p21/P21_Framework_Brief.pdf

Patrick, H., & Pintrich, P. R. (2001). Conceptual change in teachers' intuitive conceptions of learning, motivation, and instruction: The role of motivational and epistemological beliefs. In B. Torff & R. Sternberg (Eds.), *Understanding and teaching the intuitive mind: Student and teacher learning* (pp. 117–143). Mahwah, NJ: Erlbaum.

Pearlman, B. (2002). Designing, and making, the new American high school. *Technos Quarterly*, 11(1), 12–19. web.archive.org/web/20080720110319/, www.ait.net/technos/tq_11/1pearlman.php

Pearlman, B. (2004). Technology at High Tech High. www.bobpearlman.org/BestPractices/TechnologyatHighTechHigh.pdf

Pellegrino, J. W., & Hilton, M. L. (2012). *Education for life and work: Developing transferable knowledge and skills in the 21st century*. Washington, DC: National Academies Press.

Perret-Clermont, A. N. (1980). *Social interaction and cognitive development in children*. New York, NY: Academic Press.

Petrosino, A. J. (1998). *The use of reflection and revision in hands-on experimental activities by at-risk children*（未発表の博士論文）. Vanderbilt University, Nashville, TN.

Pfaffman, J. A. (2003). *Manipulating and measuring student engagement in*

Mayer, R. E. (2010). *Applying the science of learning*. Upper Saddle River, NJ: Pearson.

Mayer, R. E., & Alexander, P. A. (Eds.). (2011). *Handbook of research on learning and instruction*. New York, NY: Routledge.

McCain, T., Jukes, I., & Crockett, L (2010). *Living on the future edge: Windows on tomorrow*. Thousand Oaks, CA: Corwin.

Mehan, H. (1979). *Learning lessons*. Cambridge, MA: Harvard.

Moore, M. T. (1985). The relationship between the originality of essays and variables in the problem-discovery process: A study of creative and non-creative middle school students. *Research in the Teaching of English*, 19(1), 84–95.

Nair, P. (2014). *Blueprint for tomorrow: Redesigning schools for student-centered learning*. Cambridge, MA: Harvard Education Press.

National Academy of Engineering. (2013). *Educating engineers: Preparing 21st century leaders in the context of new modes of learning: Summary of a forum*. Washington, DC: National Academies Press.

National Council of Teachers of Mathematics. (2000–2004). *Principles and standards for school mathematics: An overview*. Reston, VA: NCTM.

National Research Council. (1996). *National science education standards*. Washington, DC: National Academies Press.

National Research Council. (2011). *Successful K–12 STEM Education: Identifying effective approaches in science, technology, engineering, and mathematics*. Washington, DC: The National Academies Press.

National Research Council. (2012). *A framework for K–12 science education: Practices, crosscutting concepts, and core ideas*. Washington, DC: National Academies Press.

National Research Council. (2014). *Developing assessments for the Next Generation Science Standards*. Washington, DC: National Academies Press.

National Science Foundation (NSF). National Center for Science and Engineering Statistics (NCSES). (2013). *Women, minorities, and persons with disabilities in science and engineering: 2013* (Special Report NSF 13-304). Arlington, VA: National Science Foundation.

NGSS Lead States. (2013). *Next generation science standards: For states, by states: Vol. 1. The standards*. Washington, DC: National Academies Press.

Nilssen, V., Gudmundsdottir, S., & Wangsmo-Cappelen, V. (1995, April). *Unexpected answers: A case study of a student teacher derailing in a math*

York, NY: Cambridge University Press.〔R・K・ソーヤー編『学習科学ハンドブック［第二版］——第 2 巻：効果的な学びを促進する実践／共に学ぶ』望月俊男・益川弘如編訳、大島純・森敏昭・秋田喜代美・白水始監訳、北大路書房、2016 年〕

Krathwohl, D. R. (1994). Reflections on the taxonomy: Its past, present, and future. In L. W. Anderson & L. A. Sosniak (Eds.), *Bloom's taxonomy: A forty-year retrospective. Ninety-third yearbook of the National Society for the Study of Education. Part II* (pp. 181–202). Chicago, IL: University of Chicago Press.

Kuhn, D. (2015). Thinking together and alone. *Educational Researcher*, 44(1), 46–53.

Lamb, D. H. (2003). *Project based learning in an applied construction curriculum* (Master's thesis). scholarworks.lib.csusb.edu/etd-project/2188 の California State University, San Bernardino, Theses Digitization Project (No. 2188) より引用.

Lampert, M., Rittenhouse, P., & Crumbaugh, C. (1996). Agreeing to disagree: Developing sociable mathematical discourse. In D. R. Olson & N. Torrance (Eds.), *The handbook of education and human development: New models of learning, teaching, and schooling* (pp. 731–764). Cambridge, MA: Blackwell.

Lehrer, R., & Schauble, L. (2006). Cultivating model-based reasoning in science education. In R. K. Sawyer (Ed.), T*he Cambridge handbook of the learning sciences* (pp. 371–387). New York, NY: Cambridge University Press.〔R・K・ソーヤー編『学習科学ハンドブック』森敏昭、秋田喜代美監訳、培風館、2009 年〕

Leinhardt, G., & Greeno, J. G. (1986). The cognitive skill of teaching. *Journal of Educational Psychology*, 78(2), 75–95.

Lobman, C. (2011). Improvising within the system: Creating new teacher performances in inner-city schools. In R. K. Sawyer (Ed.), *Structure and improvisation in creative teaching* (pp. 73–93). New York, NY: Cambridge University Press.

Lobman, C., & Lundquist, M. (2007). *Unscripted learning: Using improv activities across the K–8 curriculum*. New York, NY: Teachers College Press.〔キャリー・ロブマン，マシュー・ルンドクウィスト著『インプロをすべての教室へ——学びを革新する即興ゲーム・ガイド』ジャパン・オールスターズ訳、新曜社、2016 年〕

Mack, R. W. (1987). Are methods of enhancing creativity being taught in teacher education programs as perceived by teacher educators and student teachers? *Journal of Creative Behavior*, 21, 22–33.

Housner, L. D., & Griffey, D. C. (1985). Teacher cognition: Differences in planning and interactive decision making between experienced and inexperienced teachers. *Research Quarterly for Exercise and Sport*, 56(1), 45–53.

Ingersoll, R. M. (2003). *Who controls teachers' work? Power and accountability in America's schools*. Cambridge, MA: Harvard University Press.

International Baccalaureate Organization. (2004). *Diploma programme assessment principles and practice*. Cardiff, Wales, United Kingdom: Author.

Israel, M., Maynard, K., & Williamson, P. (2013). Promoting literacy-embedded, authentic STEM instruction for students with disabilities and other struggling learners. *Teaching Exceptional Children*, 45, 18–25.

Järvelä, S., & Renninger, K. A. (2014). Designing for learning: Interest, motivation, and engagement. In R. K. Sawyer (Ed.), *The Cambridge handbook of the learning sciences* (2nd ed., pp. 668–685). New York, NY: Cambridge University Press.〔R・K・ソーヤー編『学習科学ハンドブック［第二版］――第２巻：効果的な学びを促進する実践／共に学ぶ』望月俊男・益川弘如編訳、大島純・森敏昭・秋田喜代美・白水始監訳、北大路書房、2016 年〕

Jonassen, D. H. (2000). Towards a design theory of problem solving. *Educational Technology, Research, and Development*, 48(4), 63–85.

Kapur, M. (2008). Productive failure. *Curriculum and Instruction*, 26(3), 379–424.

Kaufman, J. C. (2002). Narrative and paradigmatic thinking styles in creative writing and journalism students. *Journal of Creative Behavior*, 36(3), 201–219.

Kaufman, J. C., Plucker, J. A., & Baer, J. (2008). *Essentials of creativity assessment*. New York, NY: Wiley.

Kilpatrick, J., Swafford, J., & Findell, B. (2001). *Adding it up: Helping children learn mathematics*. Washington, DC: National Academies Press.

Kind, P. M., & Kind, V. (2007). Creativity in science education: Perspectives and challenges for developing school science. *Studies in Science Education*, 43, 1–37.

King, P., & Kitchener, K. (1994). *Developing reflective judgment: Understanding and promoting intellectual growth and critical thinking in adolescents and adults*. San Francisco, CA: Jossey-Bass.

Knudsen, J., & Shechtman, N. (2017). Professional development that bridges the gap between workshop and classroom through disciplined improvisation. In S. Goldman & Z. Kabayadondo (Eds.), *Taking design thinking to school* (pp. 163–179). New York, NY: Routledge.

Krajcik, J. S., & Shin, N. (2014). Project-based learning. In R. K. Sawyer (Ed.), *Cambridge Handbook of the Learning Sciences* (2nd ed., pp. 275–297). New

Fleith, D. d. S. (2000). Teacher and student perceptions of creativity in the classroom environment. *Roeper Review*, 22(3), 148–157.

Florida, R. (2002). *The rise of the creative class and how it's transforming work, life, community, and everyday life*. New York, NY: Basic Books.〔リチャード・フロリダ著『クリエイティブ資本論――新たな経済階級の台頭』井口典夫訳、ダイヤモンド社、2008 年〕

Forman, E. A., & Cazden, C. B. (1985). Exploring Vygotskian perspectives in education: The cognitive value of peer interaction. In J. V. Wertsch (Ed.), *Culture, communication, and cognition: Vygotskian perspectives* (pp. 323–347). New York, NY: Cambridge University Press.

Friedman, T. L. (2005). *The world is flat: A brief history of the twenty-first century.* New York, NY: Farrar, Straus, & Giroux.〔トーマス・フリードマン著『フラット化する世界――経済の大転換と人間の未来』伏見威蕃訳、日本経済新聞出版社、2006 年〕

Gershon, W. (2006). Collective improvisation: A theoretical lens for classroom observation. *Journal of Curriculum and Pedagogy*, 3(1), 104–135.

Getzels, J. W., & Csikszentmihalyi, M. (1976). *The creative vision: A longitudinal study of problem finding in art.* New York: Wiley.

Gobet, F., Lane, P. C. R., Croker, S., Cheng, P. C.-H., Jones, G., Oliver, I., & Pine, J. M. (2001). Chunking mechanisms in human learning. *Trends in Cognitive Science*, 5(6), 236-243.

Government Accounting Office (GAO). (2003). *Title I: Characteristics of tests will influence expenses: Information sharing may help states realize efficiencies.* Washington, DC: Author.

Grossman, P., Schoenfeld, A., & Lee, C. (2005). Teaching subject matter. In L. Darling-Hammond & J. D. Bransford (Eds.), *Preparing teachers for a changing world* (pp. 201-231). San Francisco, CA: Jossey-Bass.

Halmos, P. R. (1968). Mathematics as a creative art. *American Scientist*, 56(4), 375–389.

Halverson, E. R., & Sheridan, K. M. (2014). The maker movement in education. *Harvard Educational Review*, 84(4), 495–504.

Hetland, L., & Winner, E. (2004). Cognitive transfer from arts education to non-arts outcomes: Research evidence and policy implications. In E. W. Eisner & M. D. Day (Eds.), *Handbook of research and policy in art education* (pp. 135–162). Mahwah, NJ: Erlbaum.

Hicks, D. (1995). Discourse, learning, and teaching. *Review of Research in Education*, 21, 49–95.

Allworth Press.

DeZutter, S. (2008). *Cultural models of teaching in two non-school educational communities* (未発表の博士論文). Washington University, St. Louis, MO.

DeZutter, S. (2011). Professional improvisation and teacher education: Opening the conversation. In R. K. Sawyer (Ed.), *Structure and improvisation in creative teaching* (pp. 27–50). New York, NY: Cambridge University Press.

Dillenbourg, P., Järvelä, S., & Fischer, F. (2009). The evolution of research in computer-supported collaborative learning: From design to orchestration. In N. Balacheff, S. Ludvigsen, T. de-Jong, A. Lazonder, & S. Barnes (Eds.), *Technology-enhanced learning: Principles and products* (pp. 3–19). Amsterdam, The Netherlands: Springer.

Dimitriadis, Y. A. (2012). Supporting teachers in orchestrating CSCL classrooms. In A. Jimoyiannis (Ed.), *Research on e-learning and ICT in education* (pp. 71–82). New York, NY: Springer.

Doise, W., & Mugny, G. (1984). *The social development of the intellect*. New York, NY: Pergamon Press.

Donaldson, J. (2018, April). *Public education and public perceptions of learning*. The American Educational Research Association, New York, NY の年次総会にて発表された論文.

Drucker, P. F. (1994). The age of social transformation. *The Atlantic Monthly*, 274, 53–80.

EdVenture. (2017). 2017–2018 *School Program Guide*. www.edventure.org/columbia/educators/field-trips

Frickson, F. (1982). Classroom discourse as improvisation: Relationships between academic task structure and social participation structure in lessons. In L. C. Wilkinson (Ed.), *Communicating in the classroom* (pp. 153–181). New York, NY: Academic Press.

Exploratorium. (n.d.). Field trip chaperone guide: Energy on the move. www.exploratorium.edu/files/pdfs/Energy_on_the_Move-FT_Chaperone_Guide.pdf

Feiman-Nemser, S., & Buchmann, M. (1986). The first year of teacher preparation: Transition to pedagogical thinking? *Journal of Curriculum Studies*, 18, 239–256.

Feldhusen, J. F., & Treffinger, D. J. (1980). *Creative thinking and problem solving in gifted education*. Dubuque, IA: Kendall/Hunt.

Fischer, F., & Dillenbourg, P. (2006, April). *Challenges in orchestrating computer-supported collaborative learning*. The American Educational Research Association, San Francisco, CA の年次総会にて発表された論文.

Sawyer (Ed.), *The Cambridge handbook of the learning sciences* (1st ed., pp. 135–151). New York, NY: Cambridge University Press.〔R・K・ソーヤー編『学習科学ハンドブック』森敏昭、秋田喜代美監訳、培風館、2009 年〕

Cooper, M. M., Caballero, M. D., Ebert-May, D., Fata-Hartley, C. L., Jardeleza, S. E., Krajcik, J. S., . . . Underwood, S. M. (2015). Challenge faculty to transform STEM learning. *Science Magazine*, 350(6258), 281–282.

Costa, A. L., & Kallick, B. (Eds.). (2008). *Learning and leading with habits of mind: 16 essential characteristics for success*. Alexandria, VA: Association for Supervision and Curriculum Development.

Craft, A. (2005). *Creativity in schools: Tensions and dilemmas*. New York, NY: Routledge.

Creason, D. (2017). *Creativity for Schools: Interview with Kevin Brookhouser*. 未発表の学生論文, School of Education. University of North Carolina, Chapel Hill, NC.

Cropley, A. J. (1997). Fostering creativity in the classroom: General principles. In M. A. Runco (Ed.), *Creativity research handbook* (Vol. 1, pp. 83–114). Cresskill, NJ: Hampton Press.

Dahn, M., Enyedy, N., & Danish, J. (2018, June). *How teachers use instructional improvisation to organize science discourse and learning in a mixed reality environment*. The 13th International Conference on the Learning Sciences (ICLS), London, United Kingdom にて発表された論文.

Darling-Hammond, L. (1997). *The right to learn: A blueprint for creating schools that work*. San Francisco, CA: Jossey-Bass.

Darling-Hammond, L., Barron, B., Pearson, P. D., Schoenfeld, A. H., Stage, E. K., Zimmerman, T. D., . . . Tilson, J. L. (2008). *Powerful learning: What we know about teaching for understanding*. San Francisco, CA: Jossey-Bass.〔L・ダーリング－ハモンド編著『パワフル・ラーニング――社会に開かれた学びと理解をつくる』深見俊崇編訳、北大路書房、2017 年〕

Daro, P., Mosher, F. A., & Corcoran, T. (2011). *Learning trajectories in mathematics: A foundation for standards, curriculum, assessment, and instruction*. Philadelphia, PA: Consortium for Policy Research in Education.

Davidson, C. H. (2017, October 27). A newer education for our era. *The Chronicle of Higher Education*, B30–B31.

Davis, E. A., & Miyake, N. (Eds.). (2004). Scaffolding [Special issue]. *The Journal of the Learning Sciences*, 13(3).

Davis, M. (2017). *Teaching design: A guide to curriculum and pedagogy for college design faculty and teachers who use design in their classrooms*. New York, NY:

in computational creation, in and out of school (Doctoral dissertation, Massachusetts Institute of Technology, Cambridge, MA). 以下より入手可能. scholar.harvard.edu/kbrennan/publications/best-both-worlds-issues-structure-and-agency-computational-creation-and-out

Bronson, P., & Merryman, A. (2010, July 19). The creativity crisis. *Newsweek*, 44–50.

Brown, M., & Edelson, D. C. (2001, April). *Teaching by design: Curriculum design as a lens on instructional practice*. The American Educational Research Association, Seattle, WA の年次総会にて発表された論文.

Brown, P. C., Roediger, H. L., & McDaniel, M. A. (2014). *Make it stick: The science of successful learning*. Cambridge, MA: The Belknap Press/Harvard University Press.〔ピーター・ブラウン、ヘンリー・ローディガー、マーク・マクダニエル著『使える脳の鍛え方――成功する学習の科学』依田卓巳訳、NTT 出版、2016 年〕

Carnegie Corporation of New York. (2009). *The opportunity equation: Transforming mathematics and science education for citizenship in the global economy*. New York, NY: Institute for Advanced Study: Commission on Mathematics and Science Education.

Carretero, M., & Lee, P. (2014). Learning historical concepts. In R. K. Sawyer (Ed.), *The Cambridge handbook of the learning sciences* (2nd ed., pp. 587–604). New York, NY: Cambridge University Press.〔R・K・ソーヤー編『学習科学ハンドブック［第二版］――第 2 巻：効果的な学びを促進する実践／共に学ぶ』望月俊男・益川弘如編訳、大島純・森敏昭・秋田喜代美・白水始監訳、北大路書房、2016 年〕

Cazden, C. B. (2001). *Classroom discourse: The language of teaching and learning* (2nd ed.). Portsmouth, NH: Heinemann.

Chen, C.-H., & Yang, Y.-C. (2019). Revisiting the effects of project-based learning on students' academic achievement: A meta-analysis investigating moderators. *Educational Research Review, 26* (pp. 71-81).

Cobb, P. (1995). Mathematical learning and small-group interaction: Four case studies. In P. Cobb & H. Bauersfeld (Eds.), *The emergence of mathematical meaning: Interaction in classroom cultures* (pp. 25–129). Hillsdale, NJ: Erlbaum.

Cochrane-Smith, M., & Lytle, S. L. (1999). The teacher research movement: A decade later. *Educational Researcher*, 28(7), 15–25.

Cole, K. C. (2009). *Something incredibly wonderful happens: Frank Oppenheimer and the world he made up*. New York, NY: Houghton Mifflin Harcourt.

Confrey, J. (2006). The evolution of design studies as a methodology. In R. K.

cognitive growth in young children. *Merrill-Palmer Quarterly*, 32(1), 51–72.

Beghetto, R. A. (2009). In search of the unexpected: Finding creativity in the micromoments of the classroom. *Psychology of Aesthetics, Creativity, and the Arts*, 3(1), 2–5.

Bell, D. (1973). *The coming of the post-industrial society: A venture in social forecasting*. New York, NY: Basic Books.〔ダニエル・ベル著『脱工業社会の到来：社会予測の一つの試み』内田忠夫訳、ダイヤモンド社、1975 年〕

Belland, B. R., Walker, A. E., & Kim, N. J. (2017). A Bayesian network meta-analysis to synthesize the influence of contexts of scaffolding use on cognitive outcomes in STEM education. *Review of Educational Research*, 87(6), 1042–1081.

Berliner, D. C. (1987). Ways of thinking about students and classrooms by more and less experienced teachers. In J. Calderhead (Ed.), *Exploring teachers' thinking* (pp. 60–83). London, United Kingdom: Cassell Education Limited.

Berliner, D. C., & Tikunoff, W. J. (1976). The California beginning teacher study. *Journal of Teacher Education*, 27(1), 24–30.

Berliner, P. F. (1994). *Thinking in jazz: The infinite art of improvisation*. Chicago, IL: University of Chicago Press.

Bloom, B. S., Engelhart, M. D., Furst, E. J., Hill, W. H., & Krathwohl, D. R. (1956). *Taxonomy of educational objectives: The classification of educational goals. Handbook 1: Cognitive domain*. New York, NY: Longman, Green.

Boote, D. N. (2004, April). *Teachers' professional discretion and the curricula*. The American Educational Research Association, San Diego, CA の年次総会にて発表された論文.

Borko, H., & Livingston, C. (1989). Cognition and improvisation: Differences in mathematics instruction by expert and novice teachers. *American Educational Research Journal*, 26(4), 473–498.

Bransford, J. D., Brown, A. L., & Cocking, R. R. (Eds.). (2000). *How people learn: Brain, mind, experience, and school*. Washington, DC: National Academies Press.

Bransford, J. D., Derry, S., Berliner, D., Hammerness, K., & Beckett, K. L. (2005). Theories of learning and their roles in teaching. In L. Darling-Hammond & J. D. Bransford (Eds.), *Preparing teachers for a changing world: What teachers should learn and be able to do* (pp. 40–87). San Francisco, CA: Jossey-Bass.

Bransford, J. D., & Schwartz, D. L. (1999). Rethinking transfer: A simple proposal with multiple implications. *Review of Research in Education*, 24, 61–100.

Brennan, K. (2012). *Best of both worlds: Issues of structure and agency*

参考文献

Abrahamson, D., & Lindgren, R. (2014). Embodiment and embodied cognition. In R. K. Sawyer (Ed.), *The Cambridge handbook of the learning sciences* (2nd ed., pp. 358–376). New York, NY: Cambridge University Press.〔R・K・ソーヤー編『学習科学ハンドブック［第二版］——第２巻：効果的な学びを促進する実践／共に学ぶ』望月俊男・益川弘如編訳、大島純・森敏昭・秋田喜代美・白水始監訳、北大路書房、2016 年〕

Adams, J. L. (2001). *Conceptual blockbusting: A guide to better ideas* (4th ed.). New York, NY: Norton. (Original work published 1974 by the Stanford Alumni Association)〔J・L・アダムス著『創造的思考の技術』恩田彰訳、ダイヤモンド社、1983 年〕

Agarwal, P. K. (2001, November). If I could make a school. *Learning and Leading with Technology*, 29(3), 28–31, 41.

Agarwal, P. K. (2019). Retrieval practice & Bloom's taxonomy: Do students need fact knowledge before higher order learning? *Journal of Educational Psychology*, 111(2), 189–209. eric.ed.gov/?id=EJ1205208

Allen, S. (1992). Student-sustained discussion: When students talk and the teacher listens. In N. A. Branscombe, D. Goswami, & J. Schwartz (Eds.), *Students teaching, teachers learning* (pp. 81–92). Portsmouth, NH: Boynton/Cook.

Anderson, L. W., & Krathwohl, D. R. (Eds.). (2001). *A taxonomy for learning, teaching, and assessing: A revision of Bloom's taxonomy of educational objectives*. New York: Addison Wesley Longman, Inc.

Azmitia, M. (1996). Peer interactive minds: Developmental, theoretical, and methodological issues. In P. B. Baltes & U. M. Staudinger (Eds.), *Interactive minds: Life-span perspectives on the social foundation of cognition* (pp. 133–162). New York, NY: Cambridge University Press.

Baer, J. (1996). The effects of task-specific divergent-thinking training. *Journal of Creative Behavior*, 30(3), 183–187.

Baker-Sennett, J., & Matusov, E. (1997). School "performance": Improvisational processes in development and education. In R. K. Sawyer (Ed.), *Creativity in performance* (pp. 197–212). Norwood, NJ: Ablex.

Barnes, D., & Rosen, H. (Eds.) (1969). *Language, the learner and the school*. Baltimore, MD: Penguin. (Revised edition, 1971).

Bearison, D. J., Magzamen, S., & Filardo, E. K. (1986). Socio-cognitive conflict and

[著者]

キース・ソーヤー　Keith Sawyer

ノースカロライナ大学チャペルヒル校教育イノベーションのモーガン特別教授。創造性と学習の世界的研究者の一人である。創造性研究を概観した教科書 Explaining Creativity: The Science of Human Innovation (2nd ed., Oxford University Press, 2012)（未邦訳）、学習の科学研究に関する有力なハンドブック The Cambridge Handbook of the Learning Sciences（2nd ed., Cambridge University Press. 2014）（『学習科学ハンドブック［第二版］——第２巻：効果的な学びを促進する実践／共に学ぶ』Ｒ・Ｋ・ソーヤー編、北大路書房）など 16 の編著書がある。発表した科学論文は 100 以上に及ぶ。
ソーヤーはこの科学的専門知識と実社会の創造活動に実際に触れてきた強みを兼ね備えている。1982 年にＭＩＴでコンピュータサイエンスの学位を取得後、アタリに就職しビデオゲームの設計に携わる。ジャズピアニストとして 30 年以上の活動歴があり、数年間シカゴの即興劇団でピアニストを務めながらシカゴ大学の心理学博士号を目指して研究生活を送った。現在は美術大学院の教育と学習を研究している。

[翻訳]

月谷真紀　Maki Tsukitani

訳書にアーリック・ボーザー『Learn Better』（英治出版）、ブライアン・カプラン『大学なんか行っても意味はない？』、ラグラム・ラジャン『第三の支柱』（以上みすず書房）、パンカジュ・ゲマワット『VUCA 時代のグローバル戦略』、ネイサン・シュナイダー『ネクスト・シェア』（以上東洋経済新報社）ほか。

[英治出版からのお知らせ]

本書に関するご意見・ご感想を E-mail（editor@eijipress.co.jp）で受け付けています。
また、英治出版ではメールマガジン、Web メディア、SNS で新刊情報や書籍に関する記事、
イベント情報などを配信しております。ぜひ一度、アクセスしてみてください。

メールマガジン：会員登録はホームページにて
Web メディア「英治出版オンライン」：eijionline.com
ツイッター：@eijipress
フェイスブック：www.facebook.com/eijipress

クリエイティブ・クラスルーム

「即興」と「計画」で深い学びを引き出す授業法

発行日	2021 年 11 月 27 日　第 1 版　第 1 刷
著者	キース・ソーヤー
訳者	月谷真紀（つきたに・まき）
発行人	原田英治
発行	英治出版株式会社 〒150-0022 東京都渋谷区恵比寿南 1-9-12 ピトレスクビル 4F 電話　03-5773-0193　　FAX　03-5773-0194 http://www.eijipress.co.jp/
プロデューサー	石﨑優木
スタッフ	高野達成　藤竹賢一郎　山下智也　鈴木美穂　下田理　田中三枝 安村侑希子　平野貴裕　上村悠也　桑江リリー　山本有子 渡邉吏佐子　中西さおり　関紀子　片山実咲　下村美来
印刷・製本	中央精版印刷株式会社
校正	株式会社ヴェリタ
装丁	菊地昌隆（Asyl）
Special Thanks	福谷彰鴻

ISBN978-4-86276-301-3　C0030　Printed in Japan